섹스 자본이란
무엇인가

What Is Sexual Capital?

by Dana Kaplan and Eva Illouz

| What Is Sexual Capital? |

섹스 자본이란 무엇인가

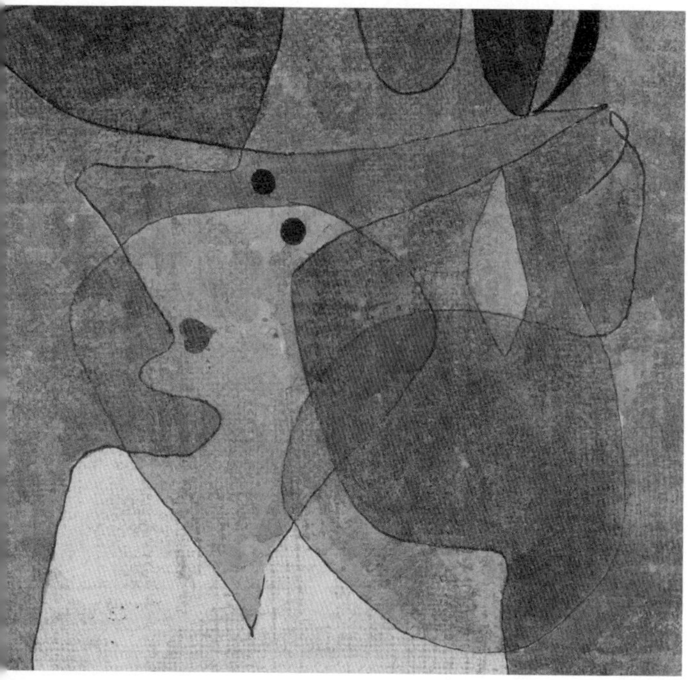

다나 카플란 Dana Kaplan · 에바 일루즈 Eva Illouz 지음 | 박형신 옮김

한울
아카데미

이것들은 내가 …… **제약포르노적**pharmapornographic이라고 부를 탈산업적이고 글로벌한 미디어적 레짐의 스냅 사진들일 뿐이다. **이 용어는 성적 주체성의 생체 분자적(제약적pharmaco) 및 기호학적-기술적(포르노적) 통치 과정을 가리킨다.** …… 성 또는 성적 정체성에는 발견할 것이 없다. 그것 **내부**에는 아무것도 없다. 밝혀진 것은 성에 대한 진실이 아니라 **섹스 디자인**이다. 제약포르노적 생체자본주의는 **물건**을 생산하지 않는다. 그것은 움직이는 아이디어, 살아있는 장기, 상징, 욕망, 화학 반응, 그리고 영혼의 상태를 생산한다. 바이오테크놀로지와 포르노커뮤니케이션에서는 생산될 대상이 없다. 제약포르노 사업은 **주체를 발명하고** 그다음에 주체를 전 세계적으로 복제한다.

— 폴 B. 프레시아도Paul B. Preciado,

『테스코 정키Testo Junkie』(New York, 2013), 33~36

차 례

감사의 말 _ 8

제1장 | **서론: 섹스와 사회학적 은유** 9

제2장 | **성적 자유와 섹스 자본** 32

제3장 | **섹스 자본이란 무엇인가?** 41

섹스 41

자본 43

섹스 자본 49

제4장 | 섹스 자본의 형태: 네 가지 범주 51

근대 젠더화된 섹스의 위치 짓기: '좋은' 재생산인가, '나쁜' 생산인가? 56

기본값 섹스 자본: 순결과 가정적임 67

육체의 잉여가치로서의 섹스 자본 73

육체화된 섹스 자본: 매력적임, 섹시함, 섹스 노하우 83

신자유주의적 섹스 자본, 자긍심, 그리고 고용 가능성 96

제5장 | 결론 114

미주 _ 119

찾아보기 _ 142

책을 옮기고 나서 _ 145

감사의 말

다나 카플란은 이 책을 위한 연구를 수행하면서 이스라엘 과학재단(과제번호 1560/18)과 이스라엘 개방 대학교 연구처로부터 지원을 받았다. 로이 준더Roy Zunder와 로나 마샤흐Rona Mashiach의 귀중한 도움에 감사한다.

이 책을 엘라Ella와 갈Gal에게 헌정한다.

제1장

서론: 섹스와 사회학적 은유

최근에 두 명의 사회학자는 사회학계에 더 겸손하게, 더 야심 차게, 그리고 더 즐겁게 사회세계를 설명하려고 노력할 것을 촉구해 왔다.[1] 그들은 사회학이 세상을 더 나은 곳으로 만들 수는 없지만 이론, 개념, 은유를 통해 세상을 이해하는 신선한 방법을 확실히 제공할 수는 있다고 주장한다. 이 연구에서 우리는 상당한 관심을 끌고 있는 하나의 사회학적 은유, 즉 사회학자, 젠더 학자, 여성 연구자뿐만 아니라 점점 더 많은 사람이 사용하고 있는 섹스 자본sexual capital이라는 은유에 대해 면밀하게 살펴본다. 일상 대화에서 섹스 자본은 "섹시해진 우리 세계"가 초래하는 실제적인 사회적·개인적 결과와 사람들이 그러한 세계에 "대처해서 살아가는" 방식을 다루는 일반적인 은유가 되었다.[2]

보통 사람들은 섹슈얼리티와 같은 영역에 자본이라는 말을 사용하는 것에 당혹스러워할 것이다. 어쨌거나 섹슈얼리티는 쾌락, 방종, 즉흥성, 유희의 영역이 아니던가? 우리는 왜 섹슈얼리티를 자본이라는 경제적-사회학적 은유와 연결시켜야 하는가? 그 이유는 섹슈얼리티가 항상 '사회 안'에 존재하고 또한 변화하는 사회적 힘에 의해 규제되기 때문이다. 3대 일신교는 섹슈얼리티를 가차 없이 규제하며 섹슈얼리티를 순결 이데올로기, 가족, 정치권력에서 중심적인 것으로 만들어왔다. 섹슈얼리티가 자아의 이상 속에서 등장하는 방식은 항상 사회적이다. 섹슈얼리티가 전통적인 세계에서 종교에 의해 틀 지어졌다면, 후기 근대 세계에서는 주로 경제와 얽혀져 왔다.

섹스 자본이라는 은유는 섹스가 성적 활동 자체를 훨씬 넘어서는, 미래의 이익을 위한 하나의 자원이라고 가정한다. 개념은 그것의 의미가 적어도 이론적으로는 널리 공유되고 받아들여지는 것과 달리, 은유는 그것의 의미가 더 열려 있고 덜 정확하다. 은유는 특정한 매개물적 속성을 가지고 있다. 그리고 은유를 때때로 사회학자의 상상력에 유용하게 만드는 것은 바로 은유의 개념적 부정확성이다.[3] 그러나 섹스 자본이라는 은유는 꽤 대중화되었음에도 불구하고, 여전히 대체로 과소 이론화된 상태로 남아 있다.

일반적인 사회학적 용법에서 섹스 자본이란 사람들이 자신의 성적 자아 — 자신의 정체성 가운데 섹슈얼리티와 관련된 측면 — 를 구성하고 향상시키는 데 돈, 시간, 지식 및 정서적 에너지를 투자하는 것으로부터 얻을 수 있는 수익을 일컫는다. 어떤 사람들은 얼굴이나 몸을 아름답게 만들기 위해 성형수술을 선택하기도 하고, 다른 사람들은 인기 있는 섹스 조언을 듣는 데 돈과 시간을 쓰거나 '유혹 커뮤니티'에 가입하여 성적 주체성을 단련함으로써 자신감을 끌어올리기도 한다. 이러한 다양한 투자는 다른 사람의 육체에 성적으로 접근하는 것을 놓고 경쟁하는 데서 더 나은 지위를 차지하게 해줄 수 있다. 이 성적 경쟁은 쾌락의 극대화를 지향할 수도 있고, 아니면 그저 다른 사람들이 자신에게 욕정을 느끼고 있다는 느낌을 지향할 수도 있다.

이 연구에서 우리는 네 가지 서로 다른 형태의 섹스 자본이 출현하고 번성하고 때로는 쇠퇴해 온 역사적 조건을 설명할 것이다. 그리고 우리는 더 나아가 신자유주의하에서 그러한 섹스 자본의 형태들이 변화한다는 것, 그리고 그러한 변화가 섹스 영역에서 발생하는 다양한 현상 — 창의적이고 재미있고 협력적인 노동이라는 하이테크 이상을 표현하는 실리콘 밸리 섹스 파티, 중상계급 환자들 사이에서 일어나고 있는 성기 성형, 그리고 심지어는 일부 성 노동자들이 자신의 성적 서비스를 통해 자존감self-esteem을 얻을 수 있고 감정적 회복력 및 다른 고용 가능한 스킬을 발전시킬 수 있다고 믿는 것 등—과 관련되어 있음을 시사할 것이다.[4] 우리는 자본의 렌즈를 통해 신자유주의적 자본주의가 성과 섹슈얼리티에 미치는 영향에 대해 상세하게 분석한다. 우리가 신자유주의적인 섹스 자본이라고 이름 붙인 것은 성적 만남에서 자긍심self-appreciation을 느끼고 그러한 자아 가치self-value를 고용 가능성을 높이는 데 이용하는 능력을 가리킨다.

섹슈얼리티가 자신의 자아 가치를 증가시킬 수 있다는 관념은 전혀 새로운 것이 아니다. 어쨌든 돈 주앙Don Juan이라는 인물은 결혼이나 제도와는 무관하게 자신을 위해 성적으로 정복하는 남성성 패러다임을 제공하는데, 그 이유는 아마도 성적 정복이 자아에 하나의 가치를 부여하기 때문일 것이다. 돈 주앙은 교회의 권력으로부터 점점 더 독립된, 그리고 여성에게서 욕망을 불러일으켜 주체 자신의 욕망을 충족시키는 능력에 의해 정의되는 남성성의 속성을 구현한다.

돈 주앙과 같은 남자가 여성의 평판을 나쁘게 만들고 결혼 시장에서 여성의 유일한 자원, 즉 처녀성을 잃게 할 때, 그러한 남성성은 여성에 대한 지배의 한 형태로 나타난다. 그러나 적어도 몰리에르Molière의 연극과 모차르트Mozart의 오페라에서는 그 인물이 신에 의해 벌을 받았는데, 이는 일련의 섹슈얼리티가 자아에 대해 사회적으로 인정된 가치를 창출하기 위해서는 섹슈얼리티를 작동시키는 사회적·규범적 질서에 뿌리를 내리고 있어야만 한다는 것을 시사한다.

실제로 기독교가 지배적이었던 시대에 여성은 기본적으로 섹스 자본의 일종인 순결에 의해 정의되었다. 전통적인 결혼 시장에서 여성의 평판(그리고 그보다는 덜하지만 남성의 평판)은 처녀성(동정)에 달려 있었다. 따라서 순결 ― 성행위를 한 적 없음 ― 은 여성이 기독교적 이상에 순응한다는 것을 알리는 역할을 했고, 그리하여 여성의 가치를 증가시켰다. 전통 사회에서 결혼 시장은 장래 배우자의 평판과 경제적 자산 둘 다에 기초하고 있었기 때문에, 기본적으로 섹슈얼리티는 배우자 선택에서 중요한 역할을 했다.

여러모로 볼 때, 돈 주앙이 도전한 것은 여성을 약탈자로부터 보호했던 규범적 질서이며, 그런 점에서 돈 주앙의 섹슈얼리티는 여전히 기독교적 가부장제의 규범적 질서에 의해 크게 제약을 받고 있다. 섹스 자본이 완연하게 등장하기 위해서는 섹슈얼리티가 종교로부터 자율화되어야 한다.[5] 섹스 자본이 형성될 수 있었던 것은 섹슈얼리티가 경제 영역으로 점점 통합되면서 성행위를 규제하는 규범과 금기가 완화되었기 때문이다. 섹슈얼리티가 경제적 전략에 의해 구조화되고 경제적 이득을 산출하고 경제 영역 자체에서 중요한 것이 될 때, 우리는 신자유주의 문화 속에서 조직화된 섹스 자본, 즉 신자유주의적 섹스 자본에 대해 이야기할 수 있다.

특히 신자유주의적 섹스 자본에 대한 우리의 이해는 성과 자본주의의 관계를 생각할 때 보통 제기되는 세 가지 주요 주장과 구별되어야 한다. 세 가지 주장이란 바로 (1) 젠더 불균형을 시정하는 것으로서의 성, (2) 성적 시민권을 위한 플랫폼으로서의 성적 정체성, (3) 성의 상품화 또는 성의 화폐화이다. 세 가지 주장 각각에 대해 간략하게 설명하고, 신자유주의적 섹스 자본에 대한 우리의 접근방식이 그 주장들과 어떻게 다른지, 그리고 그 주장들을 어떻게 개선하고 보완할 수 있는지를 설명해 보자.

첫째, 우리는 사회학자 캐서린 하킴Catherine Hakim이 정식화한 잘 알려져 있는 논란 많은 섹스 자본 개념에 반대한다. 하킴은 에로스 자본erotic capital을 여성들이 노동 시장과 친밀한 관계에서 사용할 수 있는 (명백하게 여성적인) 개인적 자산으로 정의했다. 그녀의 견해에 따르면, 에로스 자본은 "미모, 섹스어필, 생기, 옷을 잘 입는 재능, 매력과 사회적 스킬, 성적 능력[을 아우른다]. 그것은 육체적 매력과 사회적 매력의 혼합체이다." 또한 하킴은 이러한 것들이 친밀한 관계를 통해 더 나은 직업을 얻는

데, 또는 "더 나은 거래"를 위해 협상하는 데 이용될 수 있다고 주장한다.[6] 에로스 자본에 대한 캐서린 하킴의 이해는 (여성의) 몸을 이용하고 개발하고 노출시키는 다양한 산업에 의해 더욱 의미를 지니게 된 실제적인 강력한 사회적 현실을 포착한다. 사람이 지닌 하나의 속성으로서의 섹슈얼리티는 점점 경제적 자산으로 변모해 왔다.

그러나 하킴의 접근방식은 여전히 섹스 자본을 정의하는 조야하고 제한적인 방식으로 남아 있다. 거기에는 여러 가지 이유가 있다. 우선, 하킴은 섹슈얼리티가 자본으로 전환될 수 있게 해준 역사적·문화적 과정을 놓치고 있다. 이를테면 미디어 산업은 아름다움의 기준을 부호화하고 사회적 영역에서 아름다움을 자본으로 전환시키는 데서 주요한 원천이 되어왔다. 이 과정은 강력한 경제적 이익에 의해 추동되었다. 하킴은 섹스 자본을 마치 '매력적인' 여성이 지닌 명백하지만 내세우지 않는 속성처럼 다룸으로써, 매력이 하나의 자본으로 기능할 수 있는 다양한 사회적 영역에서 매력이 왜 중요한 역할을 하는지를 스스로에게 묻지 않았다.

둘째, 하킴은 섹스 자본을 여성의 속성으로 만듦으로써 성 고정관념뿐만 아니라 그러한 성 고정관념이 몸을 통해 여성을 지배하는 방식 자체도 받아들이고 강화했다. 달리 표현하면,

하킴은 섹슈얼리티가 자본의 한 형태라면 그 까닭은 그 섹슈얼리티 또한 남성이 여성을 지배할 수 있게 해주는 속성을 이용하기 때문이라는 것을 이해하지 못한다. 캐서린 매키넌Catharine MacKinnon이 설득력 있게 주장해 왔듯이, 섹슈얼리티가 이성애적 관계에 대해 갖는 관계는 노동이 자본주의적 생산자에 대해 갖는 관계와 같다. 즉, 섹슈얼리티는 남성이 여성을 착취하는 특권적인 장소이다.[7]

더 놀라운 것은 아마도 섹스 자본에 대한 하킴의 이해가 여성이 자신의 출세를 위해 이용할 수 있는 선천적인 생물학적 욕정이 남성에게 존재한다는 가설을 전제로 하고 있다는 것일 것이다. 하킴은 남성이 성적 목적을 위해 여성을 이용하는 것과 여성이 자기 자신의 섹슈얼리티를 이용하는 것이 (가부장제를 파괴하는 것이 아니라) 항상 가장 억압적인 형태의 가부장제의 중요한 부분이었다는 사실을 망각하고 있는 것으로 보인다. 가부장제를 특징짓는 것은 **바로** 섹슈얼리티가 부유하지 않고 지위 없는 여성이 지위를 얻고 사회이동을 할 수 있는 거의 유일한 수단이었다는 사실 — 섹슈얼리티가 여성의 법적 또는 경제적 권리의 박탈을 반영한다는 사실 — 이다.

우리는 섹스 자본이 여성에게 권한을 부여하는 하나의 방법이라고 그럴듯하게 치장하기는커녕, (젊은 여성의 섹슈얼리티가 더욱 주체적agentic이고 욕망적이 되었다는 증거가 늘어나고 있음에도 불구하고) 섹스 자본이 그간 지속되어 온 성적 각본의 젠더화된 성격과 악명 높은 이중적인 성 잣대를 파기하지 않는다고 가정한다. 또한 섹스 자본은 가사노동의 분할, 작업장 동학, 사회의 전반적인 섹스-젠더 구조를 조직화하는 데서 젠더와 섹슈얼리티가 수행하는 중심적인 역할을 변화시키지도 않는다.[8]

우리는 또한 성과 자본주의의 관계에 대한 두 번째의 매우 광범위한 일단의 주장, 즉, 성적 시민권의 관념(그리고 성 소수자의 정치적·사회적 포함을 위한 투쟁political and social struggles for the inclusion을 고찰하는 관련 학술 연구들)을 통해 섹슈얼리티와 자본주의를 연결하는 명제들과도 의견을 달리한다.[9] 우리가 퀴어 이론, 정치 이론, 신자유주의의 사회학 등으로부터 영향을 받아 매우 다양하게 제기된 이들 주장을 이 작은 책에서 다 다룬다는 것은 불가능하다. 따라서 우리는 성적 권리의 요구와 시장 참여 간의 관계에 주로 초점을 맞출 것이다.

일반적으로 말하면, "성적 시민권은 성적 권리(표현의 자유, 신체의 자율성, 제도적 포함을 포함하여)와 성적 책임(타인에 대한 비착취 및 비억압)에 대한 젠더화·육체화·공간화된 요구를 가리킨다."[10] 일단 성적 시민권이 이런 식으로 정의되면, 그와 관련된 문제들—이를테면 성폭력, 성적 동의, 또는 성 노동자의 권리—이 전체 인구와 관련된 문제임이 분명해진다.[11] 하지만 시민권과 섹슈얼리티에 관한 광범위한 일단의 연구는 처음부터 주로 성 소수자들이 제기한 법적 평등의 요구에 초점이 맞추어졌고, 이 방면에서 계속해서 발전하고 있다.[12] 성적 시민권 연구 분야는 이전보다 이론적으로 더 다양해질 수 있으며, 다양한 비판적 관점에서 다루어지는 광범위한 문제들을 포함한다(아래에서 우리는 이러한 비판적 설명 중 하나에 대해 상세히 설명한다). 그렇지만 성적 시민권 연구가 성 소수자의 공식적인 권리 문제 너머로까지 진전되어 왔음에도 불구하고,[13] LGBTQ+의 해방적 성 정치가 여전히 이 하위분과의 중심 초점을 이루고 있다.[14]

우리는 아래에서 성적 시민권에 대해 비판적으로 바라보는 하나의 설명에 대해 간략하게 논의한다.[15] 이 설명은 성적 권리의 확대와 성적 다양성의 주류화가 신자유주의 자본주의와 광범위하게 관련되어 있다는 점을 시사한다. 우리는 이 견해를 검토함으로써 우리가 아래에서 논의하는 신자유주의적 섹스 자본이라는 개념을 구체화하기 위한 토대를 마련할 것이다. 우리는 이 신자유주의적 섹스 자본이라는 개념이 성적 시민권에 대한 그간의 비판적 평가에서 누락되었던 중요한 하나의 층위를 추가한다고 주장한다.

그렇다면 신자유주의적 자본주의와 성적 시민권의 확대 간에는 어떤 관계가 있는가? 비판적인 주장에 따르면, 퀴어가 되찾은 성적 정체성은 신자유주의적 자본주의를 정당화하고 유지하고 강화하는 데 도움을 줄 수 있다.[16] 이 견해는 성의 민주화가 일부 사람들을 포함하는 동시에 다른 사람들을 배제한다고 가정한다.[17] 이에 따라 다시 누가 국가의 다양한 혜택과 보호를 받을 자격이 있고 없는지가 결정되기도 한다.[18] 그리하여 자격 있는 성적 시민과 자격 없는 성적 시민 간에 그어진 경계가 그들이 자본과 맺는 차별적인 관계를 결정한다.[19]

주체가 자본과 맺는 관계를 성적 시민권이 명시적으로 결정하는 영역 중 하나가 고용이고, 다른 하나는 소비문화이다. 일터에서는 동성애와 퀴어성을 얼마간 '부끄럽지 않게' 수행하는 것이 받아들여져 온 것으로 보인다. 그러나 성전환자와 젠더퀴어들은 여전히 중간계급 직업에 진입하여 자신의 일자리를 유지하는 것이 매우 어렵다는 것을 발견한다.[20] 마찬가지로 소비와 라이프스타일 상품 영역에서도 신자유주의적 자본주의는 "순치된 소비주의적 게이 정체성"[21]을 창출했을 뿐만 아니라, 로즈메리 헤네시Rosemary Hennessy의 표현으로 "상품 문화에서 퀴어를 [더욱] 가시화"시켰다.[22] 퀴어 행동주의의 공개적인 과시적 표출, 대중문화에서 퀴어 정체성과 생활세계가 보다 긍정적으로 표현되는 것, 그리고 마지막으로는 퀴어 생활방식이 보다 광범하게 라이프스타일화된 것[23] 모두가 퀴어 정체성, 육체화된 스타일, 그리고 다른 문화적 코드와 가공품의 상품화에 기여해 왔다.

소비문화와 차별적인 성적 시민권 간의 관계는 초국가적 수준에서도 작용한다. 성적 시민권 프로젝트가 클레어 헤밍스Clare Hemmings가 '근대의 유혹the lure of the modern'이라고 부르는 것에 빠지는 경향이 있기도 하지만, 성적 관용은 근대 국가들의 민주주의 수준과 글로벌 비즈니스에 대한 개방성의 정도를 나타내기도 한다.[24] 자스비르 푸아Jasbir Puar는 게이와 레즈비언 주체에 대한 '수용'과 '관용'이 국가 주권에 대한 권리와 능력을 평가하는 하나의 바로미터가 된 복잡한 과정을 이해하기 위해 '호모내셔널리즘homonationalism'이라는 용어를 만든 것으로 유명하다.[25] 게다가 국가 수준에서 소수자 성 정체성을 용인하는 것은 게이 관광과 같은 돈벌이 핑크워싱pinkwashing[LGBT 권리 보호를 자유주의와 민주주의의 증거로 홍보하는 전략_옮긴이] 관행을 악화시킬 수 있다. 게이의 수도로 여겨지고 폭력적인 군사 점령이 자행되는 나라에 위치한 도시인 텔아비브가 이에 딱 들어맞는 사례이다.[26]

결론적으로 말하면, 우리가 방금 개괄한 성적 시민권 비판에는 개혁주의적이고 포함지향적인 성 정치는 '진보적 신자유주의'라는 현학적 전문 용어가 활개 치게 할 뿐이라는 전제가 깔려 있는 것으로 보인다. '성적 다양성' 및 '권한 부여'와 같은 관념은 자본의 이익을 은폐하는 데 도움을 줄 뿐이다.[27] 이러한 성적 투쟁이 실제로는 "해방을 시장 용어로 재정의"하는 데 일조해 왔다는 낸시 프레이저Nancy Fraser의 주장은 요점을 간결하게 요약해 준다.[28] 그렇다고 해서 우리가 주류 성적 권리 운동, 성적 다양성 정책, 성 현대화 충동 등에 대한 모든 비판이 하나이고 동일하다고 넌지시 비추고자 하는 것은 아니다. 우리가 보여주었듯이, 이러한 비판들은 일반적으로 성적 시민권이 "자본과 사회적 권력에 대해 지나치게 수용적인 입장을 취해왔다"는 데에는 동의하지만, 시장을 매개로 한 해방이 정치적으로 유용한지에 대해서는 여전히 의견이 분분하다.[29]

이처럼 우리는 프레이저 편에 서는 경향이 있고 따라서 성적 자유의 정치 초월적 성격을 전면에 내세우는 입장[30]에 동의하지 않지만, 우리는 또한 우리가 검토한 것과 같은 성적 시민권 비판은 신자유주의하에서의 섹슈얼리티에 대해 너무나도 일반적인 이론을 제시하고 있을 뿐이라고 생각한다. 그러한 비판은 성적 정체성 — 주변적 정체성과 헤게모니적 정체성 모두 — 이 **어떻게** 신자유주의적 자본주의하에서 포섭될 수 있는지를 정확하게 보여주지 못한다는 점에서 너무나도 일반적이다.

성적 시민권이 일단 확립되면 성적 시민권은 주체가 국가와 시장 둘 다를 상대하는 데서 주체가 갖는 시민권의 일부가 된다고 말하는 것과 (우리가 이 책에서 실행하듯이) 신자유주의 조건하에서 사람들은 그러한 권리를 가지고 무엇을 할 수 있는지(그리고 실제로 무엇을 하는지)를 설명하는 것은 다른 것이다.[31] 다시 말해 성적 포함과 배제의 구조적 패턴이 소비문화를 통해 자본주의 체계를 정당화하거나 확장함으로써 어떻게 자본주의 체계를 지속시키는지를 이해하는 것만으로는 충분하지 않다. 오히려 우리가 일단 성적 권리를 하나의 자원으로 이해하고 나자마자 즉각 제기되는 질문이 바로 실제의 성적 욕망을 지닌 시민들 — 그들이 퀴어이든 아니든 간에 — 이 그러한 자원을 어떻게 이용하는가, 또는 심지어 그 자원을 가지고 어떻게 수익을 얻는가 하는 것이다.

우리가 대안적으로 제시하는 신자유주의적 섹스 자본이라는 개념은 해방되거나 되찾은 집합적 성 정체성을 자본주의가 착취한다는 추상적인 관념에 기반하고 있지만, 또한 그 관념을 넘어선다. 섹스 자본이라는 개념이 유용한 까닭은 바로 그 개념이 성적 자유의 (인지된) 가능성을 인정하는 동시에 (웬디 브라운 Wendy Brown의 표현으로 "신자유주의적 합리성이 우리의 일반 상식이 됨에 따라"[32]) 개인의 자유가 시장 자유와 양립할 수 있게 되었다는 사실뿐만 아니라 개인의 자유가 실제로는 시장 자유를 확장한다는 사실도 인정하기 때문이다.[33] 간단히 말하면, 시장 자유와 정치적 자유 간의 호환성을 지적하기만 하는 비판은 신자유주의적 합리성이 이미 자유의 의미를 변화시켰다는 사실을 놓치고 있다. 웬디 브라운은 계속해서 다음과 같이 지적한다. "오히려 자유는 개인적 목적을 추구하는 것과 전적으로 등치되고, 적절히 규제되지 않으며, 한 사람 또는 기업의 가치, 그들의 경쟁 지위, 그들의 시장 점유율을 끌어올리기 위해 주로 행사된다."[34] 그러므로 우리가 설명해야 할 것은 성과 섹슈얼리티의 상품화만이 아니다. 우리는 또한 성적 자유 자체가 어떻게 특정 주체들의 경제적 가치를 높이는지도 설명해야 한다.

마지막으로, 우리가 제시하는 **신자유주의적 자본** 개념은 성과 섹슈얼리티의 상품화를 비판하는 또 다른 일단의 주장에서 이탈한다. 앞서 우리는 성적 시민권에 대해 논의하면서 시장에 매개되는 형태의 성적 포함과 권리 주장을 둘러싸고 벌어지는 정치적 논쟁을 전면에 내세웠다. 이제부터 우리는 소비문화 비판이 어째서 성과 섹슈얼리티가 신자유주의적 자본주의의 아성에 기여하는 바를 제대로 설명하지 못하는지를 논의하고자 한다.

성의 상품화 테제에 따르면, 현대적 형태의 섹슈얼리티가 지닌 주된 문제는 섹슈얼리티가 인간을 해방시키기는커녕 자본주의에 의해 정복된 또 다른 영역이 되었다는 것이다. 간단히 말하면, 비판 이론가들은 현대 자본주의가 소비자본주의로 전환하는 과정의 일환으로 '욕망하는 주체'가 형성되었고, 계속해서 이 리비도적인 힘을 해방시키고 새로운 소비 욕구를 창출하는 과정에서 성은 하나의 상품이자 다른 상품을 판매하는 수단이 되었다고 믿는다.[35] 다양한 라이프스타일 시장에서 소비자들에게 판매되는 섹스 토이, 에로틱 소설, 로맨틱한 휴가 같은 상품들이 넘쳐나고 있음을 보라.[36] 켄 플러머Ken Plummer는 "섹슈얼리티가 소비되는, 서로 연동되어 있는 [다섯 가지 주요] 시장"을 제시한다.[37] 성애화된 '육체적' 몸 시장(이를테면 섹스 관광),[38] 섹스 표현 시장(이를테면 포르노), 성애화된 기술 시장(이를테면 비아그라), 성애화된 물품 시장(이를테면 섹스 토이), 그리고 마지막으로 관계 시장(이를테면 탄트라 섹스 워크숍, 유혹 커뮤니티)이 그것이다.

성 산업은 전체 경제에서 아주 큰 비율을 차지해 왔다. 섹스산업은 수십억 달러의 이익을 창출하며 기업의 수익과 국가 경제를 받치고 있다(포르노 산업은 인터넷 플랫폼으로 이동했고, 현재 디지털 자본주의로 통합되었다). 성적인 이미지는 공적 영역에 스며들고, 이러한 문화의 성애화는 중요한 사회적 함의를 지닌다.[39]

이러한 쌍둥이 과정 — 성의 상품화와 문화의 성애화 — 이 갖는 중요성에도 불구하고, 우리는 사회에서 섹스가 수행하는 경제적 역할을 더욱 확장해서 해석할 필요가 있다고 주장한다. 따라서 우리는 눈에 띄게 계속해서 팽창하고 있는 성의 상품화 과정을 비판하면서, (비록 섹스 물품과 섹스 상품이 성적 상호작용에서 점점 더 중요한 역할을 하고 있음에도 불구하고) 섹스 물품과 섹스 상품보다는 성적 주체성과 실제의 성 경험 및 성적 상호작용에 더 많은 관심을 기울인다. 정확하게 말하면, 오늘날 섹스는 사회에 널리 침투해 있고 사회에서 가시화되어 있고 접근하기 쉽고 개인의 진정성과 개인적 자유에 대한 자유주의적 이상과 얽혀 있다. 하지만 성이 매우 상품화되어 있기 때문에, 섹스 자본은 자아에 가치를 더하는 하나의 복잡한 차별적 능력 체계가 되고 있다.

따라서 우리는 이렇게 묻는다. 성적으로 풍요로워 보이는 세계 — 이 세계에서는 모두가 많은 즐거운 성생활을 할 것으로 가정된다 — 에서, 어떤 사람이 섹스를 이용하여 (자신의 시장 가치를 증가시킨다는 의미에서) 자신에게 더 많은 가치를 부가할 수 있는가? 그리고 만약 이것이 정말로 사실이라면, 그 원인은 무엇일까? 우리는 **섹스 자본과 에로스 자본**이라는 분석적 프리즘을 통해 신자유주의적 자본주의에서 다양하게 제도화된 불평등의 한 형태로서의 섹슈얼리티를 사회학적으로 분석하는 데 기여하고

자 한다. 우리는 자본주의가 어떻게 이성애적이고 젠더화된 성적 각본과 서사를 재생산하는지를 묻는 대신에, 신자유주의적 섹슈얼리티와 그것이 창출하는 섹스 자본이 어떤 방식으로 자본주의를 재생산하는 데 기여할 수 있는지를 물음으로써 그 질문을 전도한다.

서구 사회에서 현대 자본주의의 구조적 원리를 다루는 한 가지 방법은, 안드레아스 레크비츠Andreas Reckwitz처럼, 일반성generality이라는 이전의 근대 사회적 논리와 현저하게 다른 '특이성singularity이라는 사회적 논리'가 1980년대 이후 부상하고 있다고 제시하는 것이다.[40] 우리는 더 이상 대량생산된 상품의 영역에 있지 않다. 오히려 소비자들은 독특하고 장인적인 맞춤형 옵션을 선호한다. 특이성이 지닌 경제적 힘 역시 자본주의가 '삶 자체'를 이용하는 방식에 있다. 자본주의는 일상생활에 흡수되어 모든 특이성을 집어삼킨다. 그 결과 (이를테면 유튜브 블로깅에서처럼) 삶은 일이 된다.

아마도 거의 틀림없이 섹스는 주관성과 시장 모두에서 특이성이라는 새로운 사회적 논리를 실행하고 재생산하는 핵심적인 현장의 하나일 것이다. 섹스는 일반적으로 일상생활의 관례에서 하나의 독특한 에피소드로 간주된다. 섹스는 하나의 독특한 경험이기 때문에, 본질적으로 비공리적인 것이라고 규범적으로 인식된다. 섹스는 그 자체로 하나의 목적 – 그 목적이 출산이든 쾌락의 극대화이든 또는 친밀감의 유지이든 간에 – 이다. 마지막으로, 섹스는 섹스가 갖는 본질적 가치와 독특성 때문에, 대체로 "매혹, 각성, 열정, 은밀한 만족"과 같은 강한 감정과 연관되어 있다.[41]

우리는 여전히 회의적이다. 우리는 신자유주의적 섹슈얼리티라는 논쟁적인 영역을 다루면서, 섹스의 특이성에 대한 '유쾌한' 사회학적 설명을 제시해 보라는 제안을 따를 생각이 그리 없다.[42] 우리는 오히려 섹스가 젠더화된 성 각본을 실행하고 재생산하는 또는 그러한 성 각본을 초월하는 핵심 현장으로 남아 있음에도 불구하고(하킴에게는 미안한 말이지만), 섹스 자본 역시 계급과 상호작용할 수 있다 – 그러나 사회학자들이 아직 완전히 인정하지 않은 방식으로 – 고 제시한다.

섹스 자본은 신자유주의 – 시장은 점점 더 탈규제화되는 반면 개인의 책임화는 증가하는 상황을 묘사하는 일종의 포괄적인 관념 – 라고 불리는 사회적·정치적 질서에서 작동한다. 그러한 책임감 있는 개인이 시장에서 최적으로 기능하기 위해서는 성적 자원을 포함하여 자신의 심적 장치를 동원해야 한다. 지난 30년 동안 사회학자들은 신자유화의 위험성을 충분히 설명하고자 한다면 계급 분석이 다시 활성화되어야 한다고 주장해 왔다. 많은 분석가가 계급이 단지 위로부터 나오는 구조적·객관적 힘이 아니라고 제시해 왔다. 결정적으로는 그들은 계급이 주관적 경험을 통해, 다시 말해 집단적으로 삶을 살며 감정을 느끼는 과정에서 작동한다는 의미에서 계급은 또한 심리적이라고 주장한다.

그러나 계급 형성과 계급 재생산에서 주관성이 수행하는 역할을 고찰하는 작업은 그리 진전되어 있지 못하다. 그럼에도 불구하고 심리적인 투자가 매우 두드러지는 '열정적인' 분야인 예술적·창조적·문화적 직업에 관한 유망한 연구가 현재 이러한 방향에서 이루어지고 있다. 최근의 연구들은 중간계급의 창의적인 노동자들이 일 이외에 다른 것에는 전혀 신경 쓸 수 없다는 것을 설득력 있게 보여주어 왔다. 일자리가 극히 위험해지고 불안정해짐에 따라 노동자들에게 철저한 준비와 많은 소질이 요구되기 때문이다. 따라서 일 또한 그러한 노동자들의 내면의 진정한 자아를 표현하는 기능을 한다.[43] 그 결과 고용 가능성은 정확히 개인의 헌신과 심리적인 열정 투자의 수준에 달려 있다.

미셸 라몽Michéle Lamont은 최근 자기 가치, 주관적 웰빙, 회복력을 키우는 것이 증가하는 구조적·물질적 불평등을 막는 한 가지 방법이 될 수 있다고 제시했다. 그녀는 심리적인 것과 사회적인 것을 연결하는 하나의 고리를 제시했다.[44] 우리는 불평등에 대한 이러한 심리적 해석을 강력하게 거부하지만, 섹스는 실제로 자기 가치, 회복력, 소질에 대한 느낌을 키우는 중요한 현장이 되어왔다고 주장하고자 한다. 이러한 변화는 신자유주의적 자아가 시장에 진입하여 거기서 경쟁하기 위해 자신의 스킬과 특질 모두를 총동원하여 활용할 것을 요구받는 방식을 예증한다. 달리 표현하면, 섹스 자본을 고찰하는 것은 우리에게 주관적 경험과 심리 상태가 (중간계급의) 고용 가능성과 계급 재생산에서 얼마나 중요한지를 이해하는 아주 특별한 기회를 제공한다. 감정적 성향과 성적 성향은 사회이동 전략에서뿐만 아니라 일터에서 자신을 정의하는 방식에서도 중요한 역할을 한다.

최근 브리앤 파스Breanne Fahs와 사라 매클랜드Sara McClelland는 점점 성장하고 있는 비판적 섹슈얼리티 연구 분야에서 개념을 훨씬 더 명료화할 것을 요구한 바 있다.[45] 우리는 그러한 요구에 따라 이 작은 책에서 섹스 자본 은유를 보충할 뿐만 아니라 더 발전시키는 작업에 착수한다. 성적 감각, 반응, 감정, 육체, 정체성, 담론, 관계, 상품 등을 자본의 측면에서 생각하는 것은 우리에게 신자유주의적 자본주의하에서 이루어지는 성생활과 사회생활에서 일어나는 미묘한 차이와 모순을 설명할 수 있게 해준다. 우리는 그러한 작업을 수행하기 위해 섹스 자본이라는 은

유의 보다 일반적인 용법 및 명백히 부분적인 용법의 일부에 대해 문제를 제기할 것이며, 현시대의 성과 섹슈얼리티에 대해 사고하는 데서 여전히 매우 유용한 방식으로 간주되는 그러한 입장에 중요한 교정책을 제시할 것이다. 이 과제를 수행하면서 우리는 야심 차지만 겸손해지려고 노력할 것이다.

우리의 작업이 **겸손한** 까닭은 보다 잘 알려진 섹스 자본 개념의 학술적 용법과는 달리, 이 은유에 대한 우리의 정식화가 보다 현실주의적이기 때문이다. 반면 우리의 작업이 **야심 찬** 까닭은 섹스 자본의 불평등한 배분 배후에서 작동하는 계급 메커니즘을 고찰함으로써 "성과 권력이 충돌하는" 방식[46]을 더 잘 이해하고자 시도하기 때문이다. 따라서 우리는 책의 후반부에서 섹스 자본이 계급적 위계질서를 재생산하는 데에서도 하나의 요소가 되었다고 주장한다.

우리는 성과 섹슈얼리티에 대한 구성물이 근대적 구성물에서 후기 근대적 구성물로 역사적으로 변화해 온 과정을 개관하는 것에서 시작할 것이다. 이러한 전환이 이루어지는 과정에서 '좋은 섹스' — 재생산 영역에 속하는 섹스 — 와 '나쁜 섹스' — 즉, 상업적 섹스 — 간의 근대적 구분이 부식되었다. 우리는 이 변화 과정을 개관함으로써 섹스가 어떻게 경제적 자본을 생산하는지 — 직접적으로는 성 상품과 성 서비스 형태로, 간접적으로는 짝짓기 관행을 통해 그리고 주체와 주체성을 창조함으로써 — 를 설명하기 위한 역사적 근거를 마련한다. 우리는 이 이론적·역사적 리뷰를 통해 신자유주의적 섹스 자본이라는 개념을 발전시킨다. 신자유주의하에서 노동자들은 자신의 개인적인 성 경험을 통해 자신의 고용 가능성을 끌어올린다.

제2장

성적 자유와 섹스 자본

모든 인간 존재가 하나의 성을 가지지만, 그들 모두가 하나의 섹슈얼리티 — 즉, 자신의 성기가 자신과 자신의 행동을 규정하고 자아의 성장에 중요하다는 견해 — 를 가지는 것은 아니다. 섹슈얼리티는 근대 세계에서 정체성과 자아를 근본적으로 재정의해 왔다. 따라서 우리는 학문적으로 다음과 같이 물을 수 있다. 우리는 어떻게 섹스가 우리가 누구인지를 규정하는 데서 매우 중요하다고 믿게 되었는가?

우리 현대인들은 성과 섹슈얼리티가 그것 자체를 위해, 그리고 몸과 정신의 웰빙을 위해 계발되고 실행되어야 하는 자연스러운 충동과 욕구라고 생각한다.[1] 섹슈얼리티는 자유 — 더 정확하게 말하면 개인의 자유 — 가 갖는 가치와 관행을 응축적으로 표현해 왔다. 개인의 자율성과 자아실현이라는 한편과 성적 자유라는 다른 한편 간의 결합은 긴 사회-역사적 과정의 결과물이다. 실제로 성적 자유는 근대 서구 사회의 중심 원리이자 계몽주의 — 계몽주의의 결과는 "여전히 전개되고 있다"[2] — 에서 가장 두드러진 유산 중 하나가 되었다. 사회학자 애덤 아이제이아 그린Adam Isaiah Green은 이 같은 사유 노선을 따라 다음과 같이 쓰고 있다.

> 지난 두 세기 동안 자본주의 시장의 성장, 도시화, 여성의 사회경제적 지위 변화와 관련된 광범위한 구조적 변화는 기술적·문화적 발전 — 출산 통제의 시작, 인터넷의 인기, 종교의 영향력 쇠퇴, 성에 대해 긍정적인 규범의 부상을 포함하여 — 과 동시에 일어났으며 성생활 영역을 가족이나 교회와 같은 전통적인 통제 기관으로부터 점점 더 해방시켜 왔다.[3]

따라서 성적 자유는 근대 제도와 관계 — 친밀한 관계와 경제적 관계 모두 — 에 강력한 영향을 미쳐온 일단의 관념이자 가치의 매트릭스이고 문화적 틀이자 관행이다.

미셸 푸코Michel Foucault의 매우 영향력 있는 저서에서 성적 자유는 자아에 대한 새로운 형태의 지식 — 정신 의학과 정신분석학이 가장 눈에 띄게 제공한 — 이 가져온 결과로 간주된다. 그러나 에

바 일루즈Eva Illouz가 주장했듯이, 성적 자유의 관념과 관행 모두는 소비자본주의의 주요한 사회적 형태와 논리를 받아들여 왔다.[4] 미셸 푸코는 섹슈얼리티에 관한 지식체계에 초점을 맞추고 섹슈얼리티의 거대한 경제적 토대와 경제의 성애화에 대해서는 주의를 기울이지 않았는데, 이는 아마도 그가 마르크스주의와 자신을 구별하는 데 관심이 있었기 때문일 것이다.

성적 자유는 경제적 영역과 사회적 영역에 통합되어 일종의 자본 — 서로 다른 사회-역사적 상황에서 다양한 종류의 이득을 산출하는 불균등하게 배분된 하나의 자원 — 으로 변형되었다. 우리는 다음과 같이 묻는다. 성의 자유화라는 근대적 이상은 어떤 다양한 형태로 자본의 모습을 취하고 있는가? 그리고 섹스 자본이라는 은유는 그러한 변화하는 자본 형태들을 어떻게 포착하는가?

근대의 섹슈얼리티는 이중의 과정에 의해 특징지어진다. 첫째, 섹스가 과학적 지식체계 속에서 합리화되고 객관화된다. 둘째, 섹스는 하나의 개인적 속성, 즉 하나의 정체성이 되며, 따라서 그 사람의 재산(개인적이고 사적인 재산), 즉 그 사람의 핵심 정체성의 한 측면이 된다. 우리는 이러한 역사적 과정을 이른바 섹스의 점진적 자율화라는 측면에서, 다시 말해 섹스가 인간 행위에서 상대적으로 독특한 하나의 영역으로 형성된 것으로 이론화할 수 있다. 이것은 피에르 부르디외Pierre Bourdieu가 문학

장 및 다른 예술장의 출현을 묘사한 방식과 매우 유사할 것이다.[5] 우리는 이러한 방식으로 근대 섹스를 상상한 좋은 사례를 막스 베버Max Weber가 '에로틱 영역erotic sphere' – 베버가 상정한 여섯 가지 가치 영역 중의 하나인 – 으로 묘사한 것에서 찾을 수 있다.

베버에 따르면, 섹스의 점진적인 승화는 근대 세계가 점점 더 합리화·지성화되는 것과 함께 진행되었다. 그리하여 섹스는 추운 세상에서 안전한 피난처가 되었다.

> 그것[지성주의적 문화_옮긴이]은 이 영역[에로틱 영역_옮긴이]이 전문가의 불가피한 금욕적 특성과 충돌하는 곳에서 발생했다. 에로틱 영역과 이성적인 일상생활 간의 긴장 속에서 특히 일상사(日常事)에서 제거되어 온 혼외 성생활은 인간을 여전히 모든 생물체의 자연적인 원천과 연결하는 유일한 끈으로 보일 수 있었다. 왜냐하면 인간은 이제 낡고 단순하고 유기체적인 농민적 생활방식의 순환에서 완전히 해방되었기 때문이다.[6]

베버가 볼 때, "합리성에 대한 복된 승리"는 섹스를 통해 현세 내적으로 "순수한 동물성" 속에서 절정에 이를 수도 있고, 또는 어쩌면 "무한한 베풂"을 통해 현세 외적으로 합리성으로부터 윤리적 구원을 받는 것 속에서 절정에 이를 수도 있다.[7]

이런 식으로 에로티시즘은 잠재적으로 남성을 (그리고 그보다는 덜하지만 여성을) 합리주의적 시도로부터 구원하고 자본주의적 계산의 냉정함에 대항한다. 베버에게서, 그리고 어떤 면에서는 게오르크 짐멜Georg Simmel에게서도 섹스는 "초자연적으로 왜곡되고 있는 근대 후기 산업 문명의 결과에 대항하는 자아의 주장이다."[8]

이처럼 베버는 에로틱한 것이 정화되고 일상의 짐승 같은 삶으로부터 분리가 일어나는 과정을 맥락화하며, 에로틱한 것을 합리화된 자본주의의 발전과 함께 오는 냉정한 관료화에 맞서는 하나의 방패로 간주했다. '남성'(그리고 아마도 여성)이 성적 욕망을 충족하는 것은 성적 욕망 자체에 대한 관심 이외의 다른 어떤 관심과도 분리된다. 이처럼 베버에게서 (그리고 다른 사회학의 '선조들'에게서도) 섹스는 여전히 상당히 의심스러운 것으로 남아 있지만,[9] 중요한 것은 이제 섹스가 그 자체로 하나의 행위 영역—근대세계와 함께 점점 더 중요해질 가능성이 있는 영역—을 구성하는 것으로 사회학적으로 이해된다는 것이다.

이제 우리가 섹스의 자율화 과정이 역사적으로 실제로 발생했다고 가정한다면, 우리의 관심을 끄는 질문은 이 과정이 지닌 사회적 함의는 무엇인가 하는 것이다. 만약 전체 사회와 사회학자들 모두가 점점 더 섹스를 그 자체로 하나의 목적으로 생각한다면, 그리고 어떤 본질적인 가치를 지니는 것으로 생각한다면, 그 가치는 정확히 어디에서 나오는 것인가? 베버는 에로티시즘을 쾌락을 낳는 영역으로 생각했지만, 우리는 그러한 섹슈얼리티의 자율화를 훨씬 더 많은 이익을 산출하는 것으로 생각한다.

베버에게는 미안한 말이지만, 사회에서 자율적인 섹스장이 출현했음을 증명한 학자들은 주로 탈전통주의posttraditionalism와 선진 자본주의라는 관념에 의존하여 그 사실을 설명해 왔다.[10] 사회학자들이 섹스의 자율화를 다루어온 중요한 방식 중 하나가 낭만적인 사랑과 부부의 유대를 규제하는 사회적 장치들이 어떻게 변화했는지를 살펴보는 것이었다.

에바 일루즈는 『사랑은 왜 상처받는가Why Love Hurts』에서 베버가 묘사한 것과 유사한 과정을 묘사한다.[11] 그녀는 근대 세계에서 "사랑의 거대한 전환"이 발생했고 그것이 자기 규제적인 근대 결혼 시장을 낳았다고 주장한다. 이것이 의미하는 것은 족외혼의 규칙(즉, 배우자 선택)을 통제하던 인종과 종교의 금기가 상당히 약화된 반면, 선택한 파트너의 '효용성'은 이전과 마찬가지로 사회-경제적 지위와 연관 지어질 뿐만 아니라 심리적·감정적·성적 속성과도 연관 지어지게 되었다는 것이다. 파트너 선택은 점점 더 성적 매력 있음과 심리적 조화 가능성에 기초하게 되었다.

부르주아 산업자본주의 사회는 섹스를 연구의 대상이자 개인적 정체성의 현장으로 만들었다. 섹스는, 베버에서처럼 완전히 자율적인 실체는 아니지만, 경제 시장으로부터 분리된 하나의 비화폐화된 실체로 점점 더 이해되고 상상되고 논의되었다. 적절한 '좋은' 섹스는 가정 내적인 것으로, 그리고 생물학적·사회적 재생산(이것이 가족을 상징한다)의 영역에 속하는 것으로 간주되었다. 섹스와 경제는 서로 분리되어야 한다고 규범적으로 가정되거나 실제로 분리되기도 했다.

흥미롭게도 나중에, 즉 1920년대의 성 혁명(첫 번째 성 혁명)으로 알려진 것이 일어나던 동안에, 이와 동일한 이상들은 다양한 사회개혁주의 단체와 사상가들로부터 비판받았다. 그들 중 일부는 섹스를 가정내화domestication하는 것은 억압적인 부르주아 도덕의 표시라고 믿었다. 이러한 점에서 그들은 섹스 – 지금은 '억압된' 섹스로 담론적으로 프레임 지어지는 – 와 자본주의적 생산양식을 다시 연결시켰다. 우리는 이러한 사고방식을 보여주는 좋은 사례를 베르너 좀바르트Werner Sombart에서 찾아볼 수 있다. 그는 1913년에 다음과 같이 썼다. 프티 부르주아가 순결한 까닭은 "그가 자신의 존재 전체를 위태롭게 하기를 원치 않기 [때문이다]. …… 그는 빚을 지고 여흥과 정사에 시간을 낭비하는 것이 자신을 가난하게 만들 것이라는 결론에 도달했음에

틀림없다."[12]

성의 '억압'이 자본주의의 이익에 기여하는 것으로 여겨졌지만(이 테마는 후일 헤르베르트 마르쿠제Herbert Marcuse에 의해 일차원적 인간에 대한 비판에서 환기되었다),[13] 다른 과정도 서서히 일어나고 있었다. 그 과정 속에서 성 해방은 훨씬 더 직접적으로 자본주의의 이익에 봉사할 수 있었다.

* * *

사회학자와 여타 섹스 연구자들은 사회적 행위자들이 경제 시장, 결혼 시장, 그리고 성적 만남에서 자신의 이익을 위해 성적 주체성, 성 경험, 성적 상호작용(성적 행위, 성적 감정, 성적 생각을 포함하여)을 어떻게 이용하는지를 설명하기 위해 섹스 자본 개념을 사용한다.

우리는 섹스 자본을 계급 및 젠더 관계와 연결시켜, 섹스 자본을 지위를 얻고 경제적 이익을 획득하는 하나의 방법으로 바라보려고 한다. 따라서 우리는 앤드루 세이어Andrew Sayer가 '급진적 정치경제학radical political economy'이라고 부르는 것을 통해 물질적 불평등에 다시 관여하려는 최근의 추세에 동참한다. 급진적·도덕적 정치경제학은 "평등과 착취의 문제에 머물지" 않고 "경제적 책임"과 "공공의 이익"에 대해서도 강한 의식을 가지고 있다.[14] 토마 피케티Thomas Piketty의 연구는 그러한 "물질적 현실에 대한 정밀 조사로 되돌아간" 최근의 분명한 사례 가운데 하나일 것이다.[15] 하지만 다른 모든 점에서는 환영받는 이 접근방식의 한 가지 단점은 자본에 대한 비경제적 정의를 대부분 폐기한다는 것이다.[16]

반면에 우리는 자본 개념을 확대하고 확장하며, 물질적 불평등 및 젠더 불평등을 연구하는 데 자본에 대한 '정제되지 않은' 비경제적 견해를 이용한다.[17] 우리는 확대된 자본 개념에 기반한 접근방식이 오늘날 섹슈얼리티와 불평등이 서로 연결되는 방식을 밝히는 데 아주 적합하다고 믿는다. 왜냐하면 앤드루 세이어가 주장하듯이,[18] 부활한 급진적 정치경제학은 시장, 돈, 자본이 어떻게 생활세계에 침투하여 생활세계를 왜곡하는지를 탐구할 필요가 있기 때문이다.

우리는 이 책의 마지막 장에서 신자유주의적 섹스 자본이 물질적 불평등을 지속시키는 하나의 특정한 경로라는 관념을 발전시킨다. 그러나 섹스 자본의 네 가지 형태에 대한 우리의 유형학을 탐구하기에 앞서 우리는 섹스 자본이라는 관념 전반에 대해 짧게 소개하고자 한다.

제3장

섹스 자본이란 무엇인가?

우리가 지금까지 주장했듯이, 섹스 자본 개념을 다루는 방법에는 여러 가지가 있다. 우리가 논의하려는 섹스 자본의 네 가지 범주는 용어의 '성적' 구성 요소와 '자본적' 구성 요소 모두를 배열하는 방식에서 차이가 있다. 따라서 이들 범주를 제시하기에 앞서 이 두 가지 구성 요소의 배후에 있는 섹스와 자본이라는 핵심 개념을 먼저 정의하고자 한다.

섹스

성 역사학자 발레리 트라우브Valerie Traub가 주장하듯이, "인간의 사고, 의지, 행동, 표상의 범주"로서의 섹스는 "쉽게 포착할 수 없고 접근하기 어렵고 이해에 저항한다"는 것을 인정해야 한다.[1] 무엇이 섹스이고 무엇이 섹스가 아닌지를 결정하기란 어렵다. 트라우브는 계속해서 이것이 바로 역사가들 — 우리는 여기에 사회학자를 덧붙일 수 있다 — 이 섹스의 물리적 내용을 좀처럼 묘사하지 않았던 이유라고 주장한다.[2] 우리가 볼 때, 성 경험의 영역은 욕망에서 실제 성적 행동·행위·능력을 거쳐 공적 정체성으로 간주되는 것에까지 이어지는 하나의 연속체이다.[3]

우리의 유형학에서 '성적인 것'은 매우 광범위한 두 가지 인간 행동 영역을 지칭한다. 첫째, 성적인 것은 일반적으로 육체의 섹시함과 매력, 즉 다른 사람들에게 몸을 매력적으로 보이게 만드는 속성을 가리킨다.[4] 어떤 사람이 성적으로 더 많은 성공을 거둘 수 있도록 더 매력적으로 느껴지고 보이게 만들기 위해 설계된 산업(이를테면 성형수술, 섹시 란제리, 피트니스 등)이 많이 생겨났다. 섹시하거나 아름다운 것으로 인식되면, 성적 인기가 높아지고 쾌락을 극대화시킬 수 있다. '성적인 것'의 보다 광범한 둘째 지시 대상은 성 경험과 성적 표현의 영역으로, 여기에는 "우리를 흥분시키는 모든 것"이 포함된다.[5] 실제로 이 두 지시 대상은 물론 밀접하게 연결되어 있다.[6] 그럼에도 불구하고 분석적으로는 그 둘을 구분할 필요가 있다.

섹스 자본이라는 은유는 LGBTQ 커뮤니티와 성적 하위문화에 관한 연구의 맥락에서 처음 개발되었다.[7] 하지만 이를 이성애 관계에 적용하는 것 또한 전적으로 타당하다. 지난 수십 년 동안 이성애의 구성성과 상황성은 여러 형태의 짝짓기와 성적 장치들이 등장하면서 훨씬 더 분명해졌다.[8] 그러나 이성애는 여전히 고도로 제도화되어 있으며, 이성애의 규범성을 재차 확인하는 데 헌신하는 문화적 작업을 끊임없이 요구하고 있다.[9] 이러한 이유에서 우리의 논의가 퀴어 섹슈얼리티와 관련이 있을 때에도, 우리는 이성애에 초점을 맞춘다. 왜냐하면 이성애는 점차 불안정해지고 있음에도 불구하고 여전히 과거의 도덕적 특성의 많은 부분을 유지하고 있으며, 사회적 공간에서 다른 유형의 성관계보다 여전히 덜 정치화되어 있고, 일반적으로 자연스럽고 사적인 것으로 경험되기 때문이다. 마지막으로, 이성애는 가장 명백하고 확실한 형태의 자본을 산출하는 섹슈얼리티의 형태이다.

자본

여기서 우리가 '자본'이라는 용어로 뜻하고자 하는 것은 무엇인가? 카를 마르크스Karl Marx는 『자본론Das Kapital』 제1권에서

(경제적) 자본은 잉여가치 — 다른 사람들로부터 착취된 노동 — 를 전유할 뿐만 아니라 그 잉여가치를 다시 생산영역으로 돌려보내 순환시킨다고 주장한다.[10] 이 정식화에서 "자본은 노동과 교환되었을 때 노동으로부터 부불 노동 또는 잉여가치를 추출하여 자신에게 투입함으로써 자신을 재생산하고 증식하는 재화나 돈의 양이다."[11] 이 정식화는 자본과 가치를 구분하고 있다는 점에서 이미 자본에 대한 많이 확장되고 유연화된 견해이다.

마르크스에게서 자본은 "화폐 자본, 생산 자본, 상품 자본이라는 세 가지 서로 다른 형태로 작동한다. 이들 형태 각각과 관련하여 자본은 각기 구체적으로는 자금, 생산 도구, (투입물에 대한 잉여를 구현하는) 산출물과 상응하는 것으로 이해되도록 부추겨진다."[12] 이처럼 마르크스는 자본을 순수하게 화폐화된 것이라는 본래의 의미로 받아들이지만, 그 의미를 넘어서기도 한다.

제프리 호지슨Geoffrey Hodgson에 따르면, 자본의 원래 의미는 순수하게 경제적인 것이었지만 점차 확장되었고, 이제 자본의 의미에는 (호지슨에 따르면, 이치에 맞지 않지만) 비경제적 유형의 자본도 포함된다.[13] 애덤 스미스Adam Smith나 카를 마르크스 같은 정치경제학자들과 피에르 부르디외 같은 사회학자들은 자본의 정의를 "화폐, 또는 양도성 재산의 화폐 가치"[14]만을 지칭하는 원래의 최소주의적 의미로부터 "부[그것이 경제적 부이든 아니면 사회적 부이든 간에]의 생산에 도움이 될 수 있는"[15] 모든 자원으로 확장할 것을 제안했다. 자본에 대한 또 다른 확장된 이론화는 노동 가치 이론과 노동계급에 초점을 맞추는 대신에 중간계급 및 중간계급의 직업적 이익을 창출하는 다양한 대체 요인 — 이를테면 인적 자본으로 알려진 교육 자격 증명서 및 직업적 또는 기술적 스킬 — 에 초점을 맞추는 쪽으로 이동해 왔다.[16]

마지막으로, 우리가 문화적 자본과 사회적 자본에서처럼 자본이 비경제적일 수 있다고 제시할 때, 우리는 문화적 전환cultural turn에 의해서뿐만 아니라 부르디외의 장이론field theory에 의해서도 특히 영향을 받는다.[17] 비경제적 형태의 자본들은 그간 확장되어 왔다. 이를테면 일루즈는 감정이 어떻게 일터에서 경쟁하는 방식의 하나로 틀 지어지고 훈련되고 표현되는지를 다루는 감정 자본emotional capital이라는 관념을 제시하고, 라몽은 자신과 타인의 도덕적 호칭이 하나의 장에서 누군가를 어떻게 특징짓는지를 보여주는 도덕 자본moral capital이라는 관념을 제시한다.[18]

호지슨은 자본의 확장된 또는 포괄적인 의미를 요약하면서, 1970년대경에 '자본'이라는 용어가 경제적으로 유용할 수 있는 거의 모든 내구재, 재산, 개인적 속성, 또는 사회적 관계에도 적용되기 시작했다고 비판한다. 그는 이런 점에서 '자본'이 자신의 설명력을 상실했다고 주장한다.[19] 이러한 비판에도 불구하고, 우리는 자본의 의미를 순수한 화폐 영역을 넘어 성적 경험의 영역과 같은 (겉으로 보기에) 비경제적인 축적과 투자의 영역으로까지 확대하는 확장적 접근방식을 채택한다. 실제로 이러한 분석적 추이는 섹스 자본에 대한 우리의 논의에 중요하다. 왜냐하면 우리는 성 영역을 사회적 불평등 – **그리고** 경제적 불평등 – 의 일부를 구성하는 것(비록 불평등을 전적으로 성 영역으로 환원할 수는 없지만)으로 인식하기 때문이다.

우리가 '자본' 관념을 확장하는 까닭은 첫째는 순전히 정의상의 이유 때문이다. 최근의 연구들이 보여주었듯이, 경제학이라는 학문 자체 내에서조차 '자본'의 의미에 대해 어떠한 합의도 보지 못하고 있다. 경제학자인 앤서니 엔드리스Anthony Endres와 데이비드 하퍼David Harper는 자본에 대한 근대 경제사상의 지성사를 다루면서 경제학자들이 서로 다른 시기에 서로 다르게 '자본'을 은유화해 왔다고 지적한다.[20] 20세기 내내 그 용어를 이론화하고 이해하는 새롭고 다양한 방법이 발견되었고, 각각의 방법은 (경제적) 현실의 본질에 대한 서로 다른 존재론적 가정에 기반하고 있었다.

그러나 '자본'의 의미에 대해 경제학자들이 학문적으로 합의를 보지 못하고 있다는 이유 외에도, 우리가 개념을 화폐 영역

너머로까지, 그리고 분명하게 경제적인 영역 너머로까지 확장한 둘째 이유는 분석적인 이유 때문이다. 경제학적·사회학적 은유들은 경제적·사회적 현실의 **특정** 측면을 전면에 내세우는 반면, 다른 측면들은 후면으로 이동시킨다. **이것이 바로 우리에게 자본에 대한 확장된 관념이 필요한 이유이다**. 서로 다른 유형의 자본은 서로 다른 형태의 불평등 및 그러한 사회적 불평등이 산출하는 사회적 이득을 축적하는 (또는 축적하지 않는) 서로 다른 사회적 양식과 상응한다.[21] 로랑 테브노Laurent Thévenot가 볼 때, "[이처럼] 자본 변수를 다양화하는 것은 다른 유형의 자본을 단순히 추가하는 것이 아니다." 오히려 여러 형태의 자본은

> 사람들이 자신의 자산을 '자본화'하고 자신의 자본이 지닌 가치를 증식시키는 방법이 서로 다르며 따라서 서로 환원할 수 없다는 것을, 즉 내가 다른 사람들과의, 자기 자신과의, 그리고 주변 세계와의 '조정 양식modes of coordination'으로 특징짓는 것이 다양하다는 것을 말해준다. 적절한 조정 양식 — 이것이 특정 자본의 가치 증식 양식을 결정한다 — 없이는 어떠한 '투자 수익'도 없다.[22]

이미 지적했듯이, 사회학에서 가장 많이 연구된 조정 양식 중 하나는 문화 자본의 증식과, 그리고 문화 자본이 중간계급과 상층계급에게 창출하는 사회적 이익과 관련된 것이다. 문화 자본에 대한 광범한 연구는 대부분 문화사회학과 교육사회학에서 발전한 것으로, 가족 관행을 통해 초기 사회화에서 획득된 의미와 역량들이 축적되어 교육체계에서, 그리고 나중에는 고용 시장에서 후속 결과를 틀 짓는다는 것을 보여준다.[23] 문화 자본은 계급별 소비 및 라이프스타일 취향의 형태로 성인의 삶을 계속해서 틀 지으며, 그러한 독특한 취향은 지위와 예절의 기호로 작용한다.[24]

부르디외와 이러한 사회학적 추론을 따르는 다른 사회학자들이 개발한 또 다른 형태의 자본들도 마찬가지로 자신의 특정한 사회적 장들과 그 장에 상응하는 조정 양식에 뿌리내리고 있다. 사회학자들은 경제적 장에서 이루어지는 화폐 투자와 수익에 한정되었던 자본의 의미를 경제적 장 너머로까지 확장함으로써 다양한 유형의 구조적 불평등이 어떻게 함께, 때로는 중첩적으로, 그리고 때로는 단순히 서로를 강화하면서 작동하는지에 대해 더욱 면밀하게 접근할 수 있게 해왔다.[25]

섹스 자본

이는 우리에게 섹스 자본을 어떻게 이해할 것인가에 관한 질문을 던지게 한다. 개별적으로 소유하고 있는 육체화된 성적 능력을 축적하는 것은 어떤 종류의 이득을 산출할 수 있는가? 그러한 이득들은 단지 성적인 것일 뿐인가, 아니면 성적인 자산도 비非성적인 이득을 낳을 수 있는가? 부르디외의 상징 자본 연구에서 영감을 얻은 일부 사회학자들이 제시하는 것처럼, 그러한 이득들이 경제적 영역으로 이전될 수 있는가?[26] 어떤 조건에서 섹스 자본이 경제적으로 가치를 지닐 수 있게 되는가?

이 일련의 질문에 답하기 위해 다음 장에서 우리는 섹스 자본의 조정 양식을 일반적인 두 가지 영역 구분, 즉 **생산**과 노동관계라는 경제 영역과 **재생산**이라는 가정 영역(섹스 자본의 범주 1) 간의 구분에 의거하여 논의한다. 하지만 우리가 살펴보듯이, **육체의 잉여가치로서의 섹스 자본**(범주 2)에서 섹시함과 **육체화된 섹스 자본**(범주 3)으로 이동하면, 생산과 재생산의 구분을 유지하기가 이데올로기적으로뿐만 아니라(이에 대해서는 많은 페미니스트가 이미 주장한 바 있다)[27] 존재론적으로도 더욱 어려워진다는 것이 아마도 분명해질 것이다. 이는 순전히 신자유주의적 자본주의가 두 영역의 경계를 흐리게 하기 때문이다. 현재는

물질적 생산의 영역과 사회적 재생산의 영역 간의 분석적 구분을 유지하기가 쉽지 않다. 오히려 우리는 성 노동을 가정의 '공짜' 섹스 및 다른 형태의 노동과 구별하기가 점점 더 어려워지는 성적인 세계에 직면해 있다. 이러한 변화가 **신자유주의적 섹스 자본**(범주 4)이 출현하는 더 넓은 맥락을 구성한다.

제4장

섹스 자본의 형태: 네 가지 범주

우리는 이제 서로 다른 네 가지 형태의 섹스 자본에 대한 유형학을 전개하고자 한다. 이 유형학은 부분적으로는 역사적이고 부분적으로는 분석적이다. 여기서 우리는 낸시 프레이저의 역사적-분석적 추이에 대한 논의로부터 영향을 받았다. 그녀의 논의에 따르면, 자본주의는 모든 역사적 단계에서 자신의 무한한 축적력으로 인해 주기적으로 긴장 상태에 빠지고, 그로 인해 종종 사회적 재생산의 관행이 불안정해진다.[1] 이 모순은 실제로는 역사적으로 다르게 현시되지만 그 근원은 변하지 않으며, 자본주의 사회의 구조에 뿌리를 두고 있다. 따라서 섹스 자본의 각 범주는 사회생활의 재생산과 자본 축적 간의 긴장을 역사적으로 서로 다른 형태로 드러내는 것으로 보아야 한다.

우리는 여기서 섹스 자본의 네 가지 이상형ideal type을 식별하고, 그 이상형들이 사회적·경제적 관계에서 어떻게 사용되고 교환되는지를 구체적으로 밝히고자 한다. 네 가지 범주는 다음과 같다.

1. **기본값 섹스 자본: 순결과 가정적임**. 이 경우에 한 사람이 처녀성을 '잃으'면 결혼 시장에서 평판이 훼손된다. 따라서 순결(성행위를 한 적 없음)은 긍정적인 섹스 자본—즉, 결혼 시장에서 여성을 매력적으로 만드는 것—의 역할을 한다. 역사적으로 보면, 섹슈얼리티를 부정하는 양식에서조차 순결은 섹슈얼리티를 하나의 사회적 가치로 표시하는 첫 번째 지표이다. 종교적 가부장제가 지배하는 사회에서 순결은 자본의 역할을 한다. 순결은 여성의 몸이 남성들에 의해 표시되고 통제되는 방식 및 이 도덕적 가치가 전통 사회에서 결혼으로 대표되는 경제적 자산으로 전환될 수 있는 방식을 보여준다.
2. **육체의 잉여가치로서의 섹스 자본**. 이 범주는 매춘과 여타 형태의 성 노동에서처럼 성적인 몸을 하나의 상품으로 만드는 능력에서 발견된다. 매춘은 전통적인 사회에서도 존재하며, 현대의 성 산업으로 확장된다. 여기서 성의 화폐화는 직접적이고 분명하다. 섹스는 돈과 교환된다. 우리는 심지어 (서로 다른 형태의 성적 상호작용이 서로 다르게 값이 매겨질 때, 다

시 말해 서로 다른 화폐 가치를 가질 때) 성 서비스의 상품화에 대해서도 말할 수 있다.

3. **육체화된 섹스 자본**. 이 형태의 섹스 자본은 보다 간접적이며, 일루즈가 시각적 자본주의scopic capitalism라고 부르는 것의 후원하에 많은 일단의 산업이 성애화된 몸과 성적 자아로부터 잉여가치를 추출한다는 사실을 나타낸다.[2] 이는 기본적으로 성 산업 자체 내에서뿐만 아니라 문화 이미지나 문화 생산에서도 "성을 판매한다"는 것을 의미한다. 이러한 가치나 자본은 관계의 영역으로 확장된다. 왜냐하면 성적 매력과 섹스 노하우가 관계를 형성하고 유지하는 능력에서 결정적인 것이 되기 때문이다. 인셀incel — 비자발적 독신주의자 — 현상은 일부 사람들이 그러한 시장에서 낙오할 수 있다는 것을 암시한다.
4. **신자유주의적 섹스 자본**. 이 형태의 섹스 자본은 우리가 이 연구에서 새로 제시하는 것이다. 신자유주의적 섹스 자본은 일부 성적인 유희가 많은 사람에게서 사회적 역량감, 자기효능감, 자긍심으로 전환될 수 있고 이것들은 다시 고용주들이 추구하는 진취적이고 기업가적인 자세에 반영될 수 있다는 사실을 지적한다. 우리가 앞으로 설명하듯이, 이러한 형태의 섹스 자본은 후기 근대의 독특한 현상으로 출현했고, 따라서

우리는 그것을 '신자유주의적 섹스 자본'이라고 명명한다.

섹스 자본의 네 가지 범주를 정교화하기에 앞서, 근대 섹슈얼리티의 도덕 경제에 대해 역사적으로 간략히 살펴보자. 우리는 이 개관을 통해 특히 두 가지 점을 입증한다. 첫째, 성과 섹슈얼리티는 항상 경제 영역에 뿌리내리고 있었지만(그리고 이것은 성 노동에서만큼이나 결혼 시장에서도 마찬가지이다), 그러한 착근성 – 즉, 성과 섹슈얼리티가 자본주의의 바깥에 있지 않다는 사실 – 은 (우리가 베버에서 살펴보았듯이) 동시대인들이 항상 이해할 수 있는 것은 아니다.[3]

둘째로, 시간이 지남에 따라 성이 경제 영역에 뿌리내렸다는 사실에 대해 가해지는 도덕적 비난은 약해지는 경향이 있다. 특히 신자유주의 시대에 노동 영역과 비노동 영역 간의 경계가 붕괴됨에 따라 성과 섹시함의 교환가치는 과거보다 더 공개적으로 인정되고 사회적으로 받아들여지게 되었다.[4] 물론, 이것이 대부분의 여성(또는 남성)이 이를테면 성 노동자가 되는 것을 적극적으로 선택한다는 것을 의미하지는 않는다. 그러나 소프트한 매춘과 같은 현상이 중간계급 일부로까지 확산되고 있다는 증거 및 모든 성 노동자가 반드시 평가절하되거나 자긍심을 결여하고 있지는 않다는 증거들이 존재한다.[5] 한 인터뷰 응

답자는 조애나 브루이스Joanna Brewis와 스티븐 린스테드Stephen Linstead에게 이렇게 말했다.

> 나는 다재다능한 전문직 노동자 엘리트 집단의 일원이기 때문에 성 노동자가 되는 것을 좋아합니다. 나는 서로 다른 시간에 연인, 정신과 의사, 교사, 상담사, 교육자, 마사지사, 치료요법사이고, 때로는 이 모든 일을 동시에 수행하는 경우도 있습니다. 나는 역할 연기를 좋아합니다. …… 나는 나를 찾는 많은 고객의 외로움을 덜어주는 것을 돕는다는 게 좋습니다. 그 남자 중 일부는 홀아비이고, 일부는 관계를 유지하는 것을 어려워하고, 일부는 관계를 가져본 적이 전혀 없습니다. 따뜻하고 호색적이고 배려심 많은 그 남자들과 친밀한 경험을 나누는 것은 나를 기분 좋게 만듭니다. 나는 그들이 그 경험의 일부를 함께하기를 원합니다.[6]

여기서 성 노동은 치료요법적 성격의 전문직업이 되며, 이는 성애화된 형태의 노동이 점차 합법적인 노동 시장에 진입하고 있음을 시사한다. 그렇다면 본질적으로 사적이고 화폐화되지 않는다는 성 경험의 **특이성**이 어떻게 신자유주의적 노동 과정에 통합되어 신자유주의적 섹스 자본(우리의 네 번째 범주)을 창출해 왔는가?

아래에서 우리는 특히 세 가지 차원을 전면에 부각시킴으로써 이 질문에 답하기 위해 노력한다. 첫째 차원은 사회에서 **섹스가 자리하는 위치**이다. 여기서 제기되는 질문은 섹스가 생산의 영역에 속하고 교환가치를 갖는 것으로 인식되는가, 아니면 사적 영역에 속하고 사용가치만 갖는 비노동 활동으로 인식되는가 하는 것이다. 이 차원을 다룰 때, 우리는 페미니즘 이론과 퀴어 이론 및 그 용어들 모두에 의지한다. 여기서 우리가 고려하는 둘째 차원은 **섹스의 젠더화된 성격** — 즉, 섹스가 기존의 젠더 규범과 아비투스를 통해 각본화되고 경험된다는 사실 — 이다. 셋째 차원은 **특정한 성적 행위가 일어나는 영역**이 어디인가 하는 것, 다시 말해 그 영역이 성적 육체의 외적인 매력인가 아니면 본래의 성적 경험의 영역인가 하는 것이다.

근대 젠더화된 섹스의 위치 짓기: '좋은' 재생산인가, '나쁜' 생산인가?

근대 세계의 등장과 함께 가정 내의 섹슈얼리티가 자본주의 체계와 분리된다는 (그리고 분리될 것이라는) 관념이 널리 받아들여지게 되었다. 베버에서 이미 살펴보았듯이, 성관계는 현대 상업과 함께 등장한 도구적 합리성을 잠재적으로 상쇄하는 것으로 이해되었다. 이것은 '좋은' 섹스였다(특히 그것이 결혼 관계에서 이루어지는 경우에 그러했다). 그러나 매춘에서부터 돈을 목적으로 하는 결혼에 이르기까지 온갖 영역에서 '나쁜' 섹스도 있었다.[7]

이러한 점에서 성과 섹슈얼리티는 사회체social body에 잠재적으로 건설적**이면서** 파괴적인 것으로, 즐거우**면서** 위험한 것으로 인식되었다. 이 그림은 이미 제1장에서 논의한 돈 주앙과 같은 초기 근대적 인물과 관련된 그림 및 그 시대 사회의 도덕질서에 대해 가상의 인물이 제기했던 종교적 위협과 관련된 그림과 매우 다르다. 오히려 근대의 도덕적 사회질서에 따르면, **일부** 사람들에게는 성적 상호작용이 단지 거래적인 것에 불과한 반면, 다른 사람들에게는 섹스가 친밀감과 사랑에 기초한 사회적 관계이다. 여기서 더 자세하게 살펴보듯이, 그것을 결정하는 요인은 상호작용이 일어나는 위치이다.[8] 성적인 만남이 잠깐 동안의 시장 교환으로 생산 영역에 위치하는가? 아니면 가정 영역에 위치하여 사회의 사회적 재생산에 기여하는 것으로 인식되는 미래 지향적이고 감정적으로 제약된 관계의 일부인가?

섹스를 좋은 섹스와 나쁜 섹스로 나눈 것에는 정신적 성장과 물질적 성장은 통약할 수 없는incommensurable 것이라는 자유주의적 믿음이 깔려 있었다. 그러나 시장의 타산성은 타산적이지 않은 활동 영역(정신적 영역, 예술적 영역, 친밀한 영역)의 존재에 의존한다.[9] 따라서 이러한 관점은 사회-성적인socio-sexual 삶을 이른바 생산과 재생산이라는 두 가지 분리된 영역으로 구분했다.[10] 이렇듯 분명히 근대 세계에서 나쁜 상업적 섹스와 '좋은' 가정 내의 섹스는 서로를 공동 생산했다. 이러한 관계적 이율배반은 게일 루빈Gayle Rubin의 섹스 위계 도식sex hierarchy diagram에 잘 표현되어 있다.[11] 루빈이 보여주듯이, 일부일처제 섹스, 이성애 섹스, 관계 기반 섹스, 비상업적 섹스는 문화적으로 동성애 섹스 또는 우리의 주장과 더 관련이 있는 상업적인 섹스와 같은 비규범적 섹스와 대조된다.

가정 내 섹스와 달리 상업적인 섹스는 매춘과 다른 형태의 성 노동에서와 같이 직접적인 금전적 자본을 생산한다. 이것이 바로 상업적인 섹스가 도덕적으로 의심스럽다고 여겨졌던 (그리고 지금도 여전히 상당 정도 그렇게 여겨지는) 중요한 이유 중 하나이다. 여기서 자본은 성애화된 노동 — 대부분의 경우 남성이 여성으로부터 구매하는 실제적인 성적 서비스 — 을 통해 산출된다. 확실히 상업적인 성 거래의 글로벌 정치경제는 1960년대 이후 크게 바

꿔었다.[12] 현재의 기업화된 상태에서 일어나는 성 거래는 확실히 19세기나 심지어 20세기 전반의 그것과 비교할 수 없다. 그러나 근대 사회와 후기 근대 사회 모두에서 성 노동자의 성 노동은 화폐 자본을 창출한다.

그러나 좋은 섹스와 나쁜 섹스의 이율배반은 단순히 두 가지 성적 도덕을 반대하는 것 이상의 일을 했다. 근대 세계에서 좋은 섹스를 재생산과 애정 어린 사회적 관계의 영역으로 규범적으로 한정시킨 것은 섹스를 공리주의적 상업과 자기 이익 추구적 행동의 정반대 편에 위치시키기만 한 것이 아니었다. 그것은 또한 성과 섹슈얼리티를 사회의 경제적 기능과 인과적인 구조적 관계에 있는 것으로도 설정했다. 흥미롭게도 일부 현대 저술가들은 섹스를 사회 변화와 자본주의 발전을 고찰하는 프리즘으로 논의했다.

18세기 정치경제학자 버나드 맨더빌Bernard Mandeville은 섹스와 상업 경제의 발전 간의 교점을 조사하면서 사적인 (성적) 악덕과 자기 이익이 경제 발전이라는 공동선과 양립할 수 있다는 점을 지적한 것으로 유명하다.[13] 그는 비록 매춘이 악덕이라고 믿었지만, 그럼에도 불구하고 규제된 매춘이 비즈니스와 (시민 사회에 속하는) 도덕적인 여성의 정숙함 둘 다에 이롭다고 제안했다.[14]

자본주의적 생산이 원활한 기능을 수행하는 데서 사적인 성적 성취가 갖는 중요성에 대한 맨더빌의 생각은 점차 문화적으로 또렷해졌다. 20세기 초경에는 합리화된 좋은 섹슈얼리티가 경제적 생산을 촉진할 수 있다는 관념이 크게 부상했다. 이러한 사고방식에 따르면, 좋은 섹스는 실제로 자본주의적 생산을 지원했다. 여기서 재생산의 영역은

> 시장 영역을 보완하는 것, 즉 시장 관계가 전달할 수 있는 것을 보완하는 것만을 의미하지 않는다. 그것은 단순한 안전망 이상의 것으로, 양도할 수 있는 것과 양도할 수 없는 것을 구별할 수 있는 주체, 그리고 그러한 구별에 따라 대우받을 것으로 기대할 수 있는 주체가 형성될 것을 요구한다.[15]

이러한 정식화에서 섹스는 자본주의적 생산에 중요해지는데, 그 이유는 섹스가 비시장적인 재생산 영역 — 주체가 배양되고 양육되고 재생산되는 곳, 요컨대 주체가 완연한 주체가 되는 곳 — 에 속하기 때문이다.

성과 섹슈얼리티가 시장 거래를 통해서뿐만 아니라 사적 영역에서도 자본을 위해 가치를 생산한다는 것은 페미니스트들이 그간 지속적으로 제기한 정치한 비판의 주제였다. 이 노선의

주장에 따르면, 여성의 경제적 의존은 여성의 성 노동, 재생산 노동, 감정 노동의 착취를 가능하게 하고, 보다 넓게는 가부장적 자본주의를 작동시키고 연장하는 기능을 한다.[16] 따라서 생식적 이성애의 범위 내로, 그리고 나중에는 낭만적 또는 관계적 이성애의 범위 내로 섹슈얼리티를 규제하는 것은 자본주의적 생산 양식과 자본 축적에서 열쇠가 되었다.[17] 실제로 안토니오 그람시Antonio Gramsci는 그 이전의 지그문트 프로이트Sigmund Freud와 마찬가지로 남자들이 적절히 일하기 위해서는 남자들이 만족스러운 성생활을 영위해야 한다고 믿었다.[18] 이는 페미니스트 학자들로 하여금 "우리 사회에서 노동력/섹슈얼리티의 재생산 과정은 여성과 그들의 노동을 희생시키면서 일어난다"라고 주장하게 했다.[19]

이 견해에 따르면, 여성은 성 산업을 위해 잉여가치와 자본을 생산하는 하나의 방법으로 자신의 성적 능력을 양도하고 자신의 외모나 육체의 성적 부분을 이용하거나, 아니면 더 넓게는 사회를 위해 생물학적 재생산이라는 형태로 그렇게 한다.[20] 이것이 성 산업과 가정 영역의 근본적인 차이를 무너뜨리는 것은 아니다. 우리가 "육체의 잉여가치로서의 섹스 자본"으로 명명하는 범주(우리의 범주 2)에 해당하는 경우의 대부분에서 여전히 경제적 자본은 남성이 여성의 "섹슈얼리티 수단"을 착취함으로써 생산된다.[21] 의심할 여지없이 이것이 바로 캐서린 하킴으로 하여금 여성이 그러한 논리를 뒤집어서 남성과의 성적 만남(또는 '교환')을 가정 영역으로 제한하기보다는 합법적인 노동 시장에서 자신들의 성적 자산을 자본화해야 한다고 주장하게 했던 것이다.[22]

위치, 젠더, 성적인 것이라는 3차원 렌즈를 통해 섹스 자본을 역사화하는 또 다른 방법은 전혀 다른 연구 전통에 의해 이끌어진다. 이 접근방식은 게이 바, 스피드 데이트speed dating, 틴더 만남Tinder encounter과 같은 다양한 섹스'장'이나 하위문화에서 (그 참여자들이 떠받드는) 매력적임이 갖는 성적 지위와 그러한 매력의 내적 위계에 초점을 맞춘다.[23] 섹스장은 "뉴욕 시티의 펑크 나이트클럽",[24] 도시 동성애자 마을, 또는 전국 전체에 걸쳐 있을 수 있다.[25] 이를테면 톰 잉글리스Tom Inglis는 아일랜드인의 섹슈얼리티Irish sexuality를 그 자체로 하나의 장으로 논의한다.[26] 이 연구 전통은 미국 대학의 데이트 시스템이 결혼 시장으로 기능하는 맥락에서 1930년대에 시작되었지만,[27] 지금은 주로 캐주얼한 성적 만남에 적용된다.

이 섹스장 접근방식에 따르면, 특정한 사회적 행위자들은 다른 사람들보다 더 많은 섹스 자본을 향유한다. 이것은 그들이 매력적인 사람들과 섹스를 하는 데서, 그리고 그 결과로 자신들의 지위를 끌어올리는 데서 더 좋은 위치에 있다는 것을 의미한다.[28] 이러한 종류의 성적 지위 경쟁은 (특정 장에 참여하는 사람들이 공유하는) 성적 매력을 평가하는 집합적 도식에 기초한다.

가치 판단은 퀴어 커뮤니티의 '베어bear' 하위문화에서 볼 수 있듯이 매우 구체적이거나, 마틴 와인버그Martin Weinberg와 콜린 윌리엄스Colin Williams가 샌프란시스코 트랜스젠더 바에 대한 연구에서 보여주었듯이 훨씬 더 광범위할 수도 있다.[29] 와인버그와 윌리엄스는 그곳에서는 아시아 트랜스 여성의 젠더 수행이 가장 여성적인 것으로 인식되기 되기 때문에 그들이 남성 고객들에 의해 가장 매력적인 여성으로 간주된다는 사실을 발견했다. 이와 유사하게 애덤 아이제이아 그린은 맨해튼의 대부분의 중간계급과 백인 섹스 커뮤니티에서 헤게모니적 남성성을 수행하는 일부 흑인 게이 남성이 성적인 성공을 누렸지만 장기적인 관계에서는 그들이 그리 매력적으로 여겨지지 않았다는 것을 보여준다.[30]

그러한 섹스 자본의 마지막 사례는 한 국제 순례 파티에 대한 애슐리 미어스Ashley Mears의 연구에서 찾을 수 있다. 술과 음식이 특히 비싼 그곳에서는 키가 크고 날씬하며 유달리 예쁜 젊은 여성(보통 25세 이하)이 클럽에서 '고래whale'로 알려진 매우 부유한 남성을 만난다. 매력 없는 여성은 그러한 클럽에 들어가지 못한다.[31] 그러한 환경에 모인 고급 군중은 (섹스 자본을 중심축으로 하는 사회적 장이 만들어내는 위계구조에서 모델이 최상위에 위치한다는 점을 전제할 경우) 다른 무엇보다도 "모델 또는 모델처럼 보이는 여성"으로 이루어진다.

이러한 유형의 환경은 새로운 형태의 경제 활동과 지위를 만들어낸다. 이를테면 그러한 환경에서는 남성들의 (퍼지한fuzzy) 활동이 부유한 남성과 아름다운 젊은 여성을 연결시켜 주고, 네트워크를 창출하고, 아름다움 및 돈과 밀접하게 연관된 명성을 끌어모은다. 언뜻 보면, 이것은 파트너들이 오로지 쾌락을 위해, 그리고 성적 지위를 끌어올리기 위해 만나기 때문에 섹스를 재생산 영역에 위치시키는 것처럼 보인다. 하지만 이들 섹스장은 또한 '관계 시장'의 일부이며,[32] '유혹 커뮤니티'의 경우와 같이 그러한 섹스장들을 둘러싸고 정교한 산업이 형성된다.[33]

마지막으로, '신자유주의적 섹스 자본'은 주체가 자신의 성적 자질·능력·경험에서 얻을 수 있는 경제적 가치를 가리킨다. 언뜻 보기에 이 범주는 하킴 및 다른 '성 경제학' 학자들의 범주와 유사하게 보일 수 있는데,[34] 어떤 면에서는 유사하기도 하다. 그렇지만 신자유주의 섹스 자본은 하킴이나 바우마이스터Baumeister와 그의 동료들이 제시하는 것과 같은, 에로스 자본에 대한 합리적 선택 정식화와 다르다. 그들에 따르면, 성은 남성의 가치 있는 자산과 교환되는 본질적으로 여성적인 자원이다. 우리는 오히려 신자유주의적 섹스 자본을 젠더 측면에서뿐만 아니라 계급 측면에서도 생각하는 것이 더 유용할 것이라고 제안한다.[35] 이러한 형태의 섹스 자본은 덜 직접적으로 젠더화된다. 왜냐하면 이 경우 '섹스'는 여전히 거의 전적으로 여성과 관련되어 있다고 여겨지는 두 영역인 재생산(그리고 친족 관계)과 섹시함 그 어느 것도 가리키지 않기 때문이다.

신자유주의적 섹스 자본은 사회에서 에로틱한 매력적임의 위계 및 그에 따른 교환체계(이를테면 여성이 남성의 비물질적 자산에 대한 대가로 자신의 성적 매력을 '판매'하는 상황)와 전혀 관계가 없다.[36] 우리는 이러한 형태의 섹스 자본(우리의 범주 4)을 오히려 인적 자본의 한 변형태로 본다.[37] 이것은 한 사람의 성생활 — 그녀의 성적 경험, 감정, 욕망 — 이 중간계급의 고용 가능성을 높일 수 있다는 것을 의미한다.[38]

신자유주의적 섹스 자본은 섹시함(하나의 육체가 다른 육체에서 유도하는 성적 감정)을 이용하지 않는다. 이러한 종류의 섹스 자본은 에로틱한 매력보다는 특이한 성질의 성 경험 — 우리가 순전히 주관적인 수준에서 섹스를 경험한다는 사실 — 을 특정한 자아 — 사회적·직업적 역량 전반을 규정하는 스킬 및 속성과 전적으로 양립할 수 있는 자아 — 를 형성하는 방법으로 이용한다. 신자유주의적 섹스 자본은 우리가 일반적으로 자신에 대해 학습하는 전략, 자신감과 자존감을 키우는 전략, 위험을 감수하는 전략, 그리고 주로 아마도 자기주장과 지배를 통해 관계를 관리하는 전략 속에 각인된다. 다시 말해 우리가 보기에, 신자유주의적 섹스 자본은 성적인 영역에서 획득되는 이득을 창출할 수도 있지만, 성적인 영역을 훨씬 넘어서는 것이기도 하다.

중간계급 주체는 다른 사람들보다 성생활에서 더 자긍심을 느끼는 경향이 있으며, 더 나아가 자신의 직업 생활에서 섹스 자본을 이용하는 데 더 좋은 위치에 있다.[39] 우리가 앞으로 증명하듯이, 이것은 신자유주의적 섹스 자본이 남성과 여성에게서 동일한 방식으로 작동한다는 것을 의미하지는 않는다. 그러나 섹스 자본 축적과 관련된 일부 관행(첨단 실리콘 밸리의 남성 엘리트를 위한 섹스 파티, 여성과 그 파트너들의 다자 간 연애 관계)이 젠더별로 구분되어 있는 것처럼 보이지만, 이것이 기본 경로를 바꾸어놓지는 않는다. 사적 영역에서의 성적 경험은 성 노동으로서의 생산 영역에서가 아니라 완전히 '정상적인' 직업 환경으로서의 생산 영역에서 유용해진다.

역사적으로 이러한 형태의 섹스 자본은 경제적 생산과 고용의 영역이 사회적 재생산 영역(성, 섹슈얼리티, 가족, 친밀한 관계)과 점점 더 얽히게 된 후기 근대 사회에서 출현했다.[40] 우리는 신자유주의적 섹스 자본이 신자유주의적 자본주의에 의해 틀지어졌을 뿐만 아니라 신자유주의적 자본주의를 정당화하고 더욱 진전시키기도 한다고 제안하는 것으로 결론짓는다.

지금까지 우리는 우리의 분석 틀을 좀 더 자세히 고찰하면서, 기본값 섹스 자본, 육체의 잉여가치로서의 섹스 자본, 육체화된 섹스 자본, 노동자의 고용 가능성을 끌어올리는 것으로의 신자유주의적 섹스 자본이라는 네 가지 범주를 개관했다.

기본값 섹스 자본: 순결과 가정적임

지금까지 논의한 좋은 섹스와 나쁜 섹스의 규범적 분리는 젠더 역할에 대한 일단의 특정한 가정에 근거한 것이었다. 파라메즈 다보왈라Faramerz Dabhoywala가 주장하듯이, "계몽주의가 남성성과 여성성을 재배열한 것은 근대 성적 세계에 가장 곤란한 사회적·윤리적 문제들을 야기했다. …… 남자와 여자는 어떻게 행동해야 하는가?"[41] 많은 사람이 주장했듯이, 18세기 말경에 남성과 여성의 섹슈얼리티에 대한 일반적인 태도는 매우 중요한 변화를 겪기 시작했다.[42] 여성은 자연적·선천적·과학적으로 순결한 성(따라서 도덕적으로 남성보다 우월한 성)이라는 믿음이 널리 확산되면서, 여성은 탈성애화되었다.

여성은 두 가지 젠더 이데올로기로 요약되는 기본값 섹스 자본을 보유하고 있었다. 첫째 젠더 이데올로기는 돈의 차원 — 즉, 여성의 금전적 매수 — 을 통해 도덕적인 여성과 부도덕한 여성을 구분하는 이데올로기였다. 성적인 절제라는 기독교 이상에 의해 틀지어진 가부장제는 순결한 여성과 순결하지 않은 여성을 분리했고, 결혼이라는 합법적인 틀을 통해 재생산을 위한 섹스와 돈을 위한 섹스를 분리했다. 둘째 젠더 이데올로기는 모든 여성은 선천적으로 순결하고 성적으로 유순하며 심지어는 열정이 없다는 이데올로기였다.[43] 문화적으로 이런 식으로 부호화된 순결은 계급과 도덕의 표시로 작용했으며, 따라서 18세기와 19세기의 부르주아 결혼 시장에서 자본으로 이용될 수 있었다.

순결한 성적 도덕에 대한 대가로 부르주아 여성은 결혼을 통해 경제적 안전을 얻었고, 쾌락을 위한 섹스보다 재생산을 실천했다. 쾌락을 위한 섹스는 일회성 화폐 거래와 유사하게 장기적인 경제적 지위를 위해 거래되었다. 이 엄격한 젠더화된 도덕 경제에서 기본값 섹스 자본은 모든 '좋은' 여성 — '타락한' 여성과 대비되는 것으로서의 — 은 그렇지 않음이 입증될 때까지 순결하다는 이상을 견지했다. 성적 순결은 그 거래의 경제적 특성이 돈에 의해 얻을 수 있는 것으로 인식되지 않는다는 사실에 의해 도덕적으로 강화되었다.

물론 역사적으로 살펴보면, 이 '순결' 이야기는 젠더 측면에서뿐만 아니라 계급, 인종, 지역 측면에서도 훨씬 더 미묘한 차이를 드러낸다. 젠더 역사학자 헤라 쿡Hera Cook이 제시하듯이, 성행위에서의 주요 변화는 19세기 동안에 발생했다.[44] 18세기 초반에 영국에서는 많은 평민 여성이 캐주얼 섹스casual sex 행위를 했다. 공동체의 압력 때문에 남성(그리고 여성)은 자기 자식에 대해 책임을 져야 했고, 이는 비혼 부부에게도 장기적으로 안정을 가져다주었다.

하지만 19세기경에 도시화, 공장 노동, 임금 노동이 시작되면서 노동과 생활 패턴이 크게 변화했다. 자본주의는 노동계급 여성을 남성에게 더 의존하게 만들었고, 그리하여 성적으로 더 취약하게 만들었다. 따라서 매우 많은 여성이 법적 결혼을 추구하게 되었다. 하지만 그것에는 대가가 따랐다.

> 여성이 자신의 노동으로 자신과 자녀를 부양할 수 없을 때, 결혼이나 동거가 그들의 직업이 된다. 그런 사회에서 남성은 여성에게 종속을 요구할 수 있고, 성공한 아내는 원치 않는 끼를 부리거나 새롱거리거나 성적 지식을 과시함으로써 자신의 안

전을 지키고자 할 것이다. 따라서 여성의 경제적 자율성과 성적 행동 간에는 강한 연관성이 있다.[45]

출산 통제가 불가능한 상황에서 중간계급의 도덕적·종교적·정치적 권력의 증대와 함께 노동계급과 가난한 여성의 경제적 불안전은 성적 고결함이 점차 헤게모니를 획득하게 했다. 섹슈얼리티에 대한 빅토리아 시대의 담론과 믿음은 성적 억제와 자기 통제의 이상을 중시하는 종교와 강하게 연관되어 있었다.

그러나 20세기에 이르러서는 ('정상적인') 성적 표현과 만족이 모든 성공적인 결혼에, 자아에, 심지어는 사회적 역량 전반에 중요하다는 것이 더욱 널리 받아들여졌다.[46] 사실 부부간의 성적 만족은 적어도 상당수의 중간계급에서 하나의 사회문제가 되었다. 순결한 여성이 성 경험을 결여하고 있었다면, 많은 중간계급과 중상계급 남성은 친밀성과 배려를 요구하지 않는 상업적인 섹스 환경에서 성적으로 사회화되었다.[47] 이러한 현실은 프로이트로 하여금 그의 에세이 「'문명화된' 성 도덕과 근대 신경 질환'Civilized' Sexual Morality and Modern Nervous Illness」에서 부부관계marital bed를 불행한 관계라고 제시하게 했다.

남자는 성적 능력이 있는 경우가 드물었고, 여자는 자주 불감

증이었다. 이러한 성적 비상사태에서 위태로운 것은 개별 여성과 남성의 행복만이 아니었다. 사회의 운명 역시 위태로웠다. 이것은 또한 성의 상업화와 도덕이 사회적 스펙트럼의 양쪽 끝에 자리하고 있었다는 것을 의미했다. 매춘부, 남성의 호의를 구하는 노동계급 여성, 화류계에 속한 여성(이를테면 여배우) 모두가 성적인 호의를 돈과 교환하는 경제 회로에 통합되었던 반면, 훌륭한 여성은 가정이라는 단위 내에서 자신의 역할을 다함으로써 섹슈얼리티가 자신의 도덕적 지위에 초래할 위험을 저지했다.

프로이트가 제시했던 것처럼, 섹스가 사회적으로 보상받을 수 있는 것은 단지 섹스가 부르주아 남성으로 하여금 사회의 생산적인 성원이 되도록 도와주기 때문만은 아니다.[48] 우리가 베르너 좀바르트트를 논의하며 이미 살펴보았듯이, 섹스는 또한 프티 부르주아 가게 주인을 검소하게 만든다.[49] 또한 자동차 제조업자 헨리 포드Henry Ford가 그의 노동자들에게 넌지시 비추었듯이, 부부간의 즐거운 섹스는 노동계급을 보다 효율적이고 온순한 노동자로 만들었다.[50] 따라서 일부 동시대인들은 성적 억압이 자본주의에 필요하다고 믿었다. 1920년대 독일과 미국의 사회 혁명가들과 진보주의자들로 하여금 성 혁명이 매우 필요하다고 제시하게 만든 것도 바로 다양한 지위에 있는 경제 주체들이 지닌 합리화된 섹슈얼리티 및 그 주체들의 온순함이라는 한편과 그러한 것들이 자본 축적에 대해 갖는 유용성이라는 다른 한편 간에 존재하는 이러한 연관성 때문이었다.

그러나 가정에서의 성적 수행이 자본주의적 생산에 중요한 것으로 인식되었던 그 당시에조차, 순결은 여성의 삶에서 (심지어 여성이 결혼한 후에도) 계속해서 매우 큰 역할을 했다. 리사 프루이트Lisa Pruitt는 미국에서 여성들이 명예 훼손에 대해 법적으로 고발한 사건의 역사를 연구했다. 미국에서는 여성들이 자신이 성적으로 순결하지 않다는 소문에 대해 법적 구제를 추구해 왔다. 프루이트는 20세기로의 전환기까지 여성은 자신의 작은 사회 집단 내에서 진정한 사인私人으로서의 자신의 성적 평판을 지키기를 열망했다고 주장한다. 프루이트에 따르면, "여성은 일반적으로 상업적 시장과 분리된 가정의 삶의 영역 내에서만 자신의 직분을 다했으며, 그러한 '사적 관계'를 비방하는 말은 여성의 명예를 훼손하는 것에 해당한다."[51] 프루이트는 세기의 전환기 즈음에 법원이 점점 더 사적인 것과 공적인 것 간의 상호 관계를 인식하기 시작했고 성적인 비방을 여성의 고용 가능성 역시 잠재적으로 손상시키는 것으로 간주했다고 주장한다. 이것은 평판을 통한 성적 순결이 결혼 가능성과 고용 가능성에서 어떻게 하나의 역할을 했는지를 보여주는 사례이다.

육체의 잉여가치로서의 섹스 자본

노동의 일부 측면은 성적 서비스를 제공하는 대가로 보상을 받는다. 그러한 형태의 노동은 (대부분) 매춘, 포르노그래피, 에로틱 댄스를 포함하는 성 산업 내에서 발생한다.[52] 1970년에 성 관계에 대한 노골적인 묘사를 의미하는 '하드코어 포르노그래피' 시장의 전체 규모는 약 500만 달러에서 1000만 달러 사이로 추정되었다.[53] 1996년에 저널리스트 에릭 슐로저Eric Schlosser는 미국인들이 포르노, 섹스 잡지 등에 80억 달러를 썼다고 평가했다.[54] 2018년에 이 산업의 수익은 60억 달러에서 150억 달러 사이로 합리적으로 추측되었다.[55] 인터넷 플랫폼인 포른허브Pornhub에 따르면, 2019년에 이 웹사이트의 방문자는 420억 명이 넘었는데, 이는 하루에 1억 1500만 명이 방문했다는 것을 의미한다.[56]

성 산업은 극히 다면적이며, 성 산업에 관한 학술 연구 역시 그러하다. 우리의 목적은 이 학술 영역에서 제기된 주장의 주요 노선들을 열거하려는 것이 아니며, 자신의 성 노동력을 성 시장에 파는 사람들 대부분에게 그러한 주장들이 갖는 중요한 인간적·정치적·경제적·사회적 함의에 이의를 제기하려는 것도 아니다. 오히려 우리는 우리가 성 노동을 지배하는 사회적 규범과 일부 성 노동자들이 그 규범을 경험하는 방식 모두에서 일어난 얼마간의 변화라고 생각하는 것에 직접적인 주의를 기울이고자 한다.

우리가 앞서 지적했듯이, 근대 사회에서 돈의 교환은 좋은 섹스와 나쁜 섹스를 구분하는 경계였다. 이 사회적 상상력 속에서 섹스는 (외견상) 자본의 매트릭스 밖에서 이루어지는 경우에만 친밀한 관계와 출산을 위한 것으로, 또는 최근에는 캐주얼 섹스와 같은 유희적 목적을 위한 것으로 사회적으로 수용되고 심지어 장려된다. 이와 대조적으로 직접적으로 화폐화된 섹스는 나쁜 것이다. 따라서 몸이 자본을 축적하는 주요 매개체일 경우,[57] 많은 사람이 이미 강조해 왔듯이, 가장 노골적이고 가장 직접적으로 화폐화된 형태의 섹스 자본은 매춘—즉, 일반적으로 취약한 여성, 남성, 빈곤 아동으로부터의 성 노동력 착취—을 통해 축적되는 자본이다.[58]

하지만 최근에는 좋은 섹스가 수많은 "서로 맞물린 시장"에서 너무나도 상품화되고 가치 있는 것이 되어왔기 때문에[59] 섹스와 관련된 견고했던 모더니즘적인 선악 구분을 유지하기가 점점 더 어려워졌다. 이것은 또한 성 노동의 현실과 섹스 자본이 축적되는 방식에 영향을 미치고 있다. 성생활의 기저에 깔려 있는 공짜 논리와 상업 논리 간의 존재론적 경계가 부식됨으로써 초래된 주목할 만한 결과 중 하나는 더 감정적이고 덜 기계적인 형태의 상업적 섹스를 위한 틈새시장이 출현한 것이었다.

성매매에서 이러한 가치 증식을 보여주는 좋은 사례가 네바다 주의 합법적인 매춘업소 시장이다. 바바라 G. 브렌츠Barbara G. Brents와 캐스린 하우스벡Kathryn Hausbeck은 그러한 매춘업소의 운영자들이 자신들의 성 사업을 일반적인 종류의 다른 모든 서비스와 유사한 것으로 묘사하기 위해 노력한다고 제시한다.[60] 성을 팔고 사는 장소를 특징짓던 위험하고 추레하고 불결한 모습은 사라졌다.[61] 오히려 "그 환경은 더 개방적인 '파티' 분위기와 더 개인화되고 덜 합리화된 상호작용을 조장한다."[62] 브렌츠와 하우스벡에 따르면, 운영자 중 한 명인 호프Hof는 심지어

> 자신의 매춘업소를 성애화된 관광지 또는 호프의 표현으로는 "성공 확률이 매우 높은 싱글들을 위한 바"로 드러내놓고 마케팅한다. …… 호프는 고객들이 성행위라는 '제품'을 구매하는 것이 아니라 경험을 구매한다고 바라볼 때 고객들로부터 더 많은 돈을 얻어낼 수 있다고 주장한다(이를테면 호프는 고객은 "당신과 친밀하다고 느끼지 않거나 당신을 친구라고 느끼지 않거나 내면에서 어떤 개인적인 감정이 일어나지 않으면 방으로 가고 싶어 하지

않아, 알았지?"라고 말한다).[63]

이처럼 모든 성 노동자가 트라우마나 직접적인 착취를 경험하거나 행위 주체성agency을 전적으로 결여하고 있는 것은 아니다. 실제로 온리팬스OnlyFans와 같은 아마추어 포르노 공유 디지털 플랫폼은 자영업을 자신의 모델로 삼고 있으며, 대면적인 성 노동을 요구하지 않는다. 출연자(남성과 여성 모두)는 일반적으로 유연한 근무 일정에 마음이 끌린 새로운 중간계급 사람들이다. 더욱이 그 노동자들은 벌어들인 수입을 자주 이를테면 교육이나 훈련과 같은 인적 자본에 투자한다.[64]

이러한 선택 의식 및 주체성은 보다 전통적인 형태의 성 노동에서도 찾아볼 수 있다. 틸라 샌더스Teela Sanders가 시사하듯이, 일부 성 노동자들은 감정 노동과 성 노동을 통해 자신이 단순한 성적 대상으로 격하되는 것에 저항할 수 있다.[65] 오히려 그들은 서비스 제공자로서 행동하고 생각한다. 그들 중 일부는 자신을 '통상적인' 서비스 경제와 연관시킴으로써 자신의 섹슈얼리티를 자본화하고 시장 매력과 금전적 이득을 증가시킬 수 있다. 앞서 인용한 호주의 한 성 노동자는 이렇게 말했다. "나는 내가 나의 일에 매우 능숙하고 전문적이라는 것, 그리고 고객들이 내가 하는 일을 인정하고 그것에 대해 감사한다는 것을 정말 좋아

해요. …… 나는 성 교육자이며 그 사실을 자랑스러워해요."[66]

엘리자베스 번스타인Elizabeth Bernstein은 실리콘 밸리의 성 노동자들에 대한 자신의 획기적인 연구에서 성 노동자들이 중간 계급 고객들과의 성적인 상호작용에 매력적인 외모와 성기 훨씬 이상의 것을 가지고 임한다는 것을 보여주었다. 그들은 또한 감정 지능, 사람들을 다루는 스킬, 그리고 심지어는 문화 자본을 가지고 성적 상호작용을 한다.[67] 성 노동에 사용되는 스킬들을 개발하고 조화시킴으로써, 성의 상업적 교환은 일반적인 서비스 노동과 더욱 같아지게 된다.

이처럼 일부 성 노동자들의 경우 극단적인 사회적 평가절하를 경험하지 않고 **자신의 성 노동으로부터** 어떻게든 **섹스 자본을 축적하기** 때문에 성 노동의 전형적인 '조정 양식'[68]이 변화한 것으로 제시하는 것은 합당해 보일 수 있다. 연구자들은 아직 그러한 발랄한 성 노동자들의 완전한 사회학적 프로필을 제공하지 않고 있다. 하지만 매춘에 대한 학문적 논쟁에 최근 새로운 신자유주의적인 양념이 가미되어 왔다는 것은 분명하게 말할 수 있다.

고전적인 '착취 대 자기소유권exploitation versus self-ownership' 논쟁이 여전히 강력하게 이어지고 있지만, 정체성 및 낙인 관리와 관련된 새로운 쟁점이 제기되고 있다. 이 현상은 매춘을 그것의 특이성의 측면에서, 즉 "성적 호의를 판매하는 것이 그러한 활동을 하는 인적 자본의 자긍심에 영향을 미치는 방식"과 관련하여 논의한다는 점에서 "매춘에 대한 신자유주의적 해석"으로 볼 수 있다.[69] 하지만 물론 이러한 해석은 인신매매되거나 다른 선택지가 없는 대다수의 사람에게는 적합하지 않다.

이와 유사하게 성 산업의 많은 부분, 특히 포르노 소비와 섹스 토이의 사용이 사회적으로 정상화되고 있지만, 이것이 성 노동이 존경할 만한 직업군이 되었다는 것을 의미하지는 않는다. 그러나 나쁜 섹스가 더 이상 그렇게 나쁘지 않고 특정 노동자가 성매매에 연루되었다는 이유로 반드시 상처를 입거나 사회적으로 처벌받지 않는다면, 성 노동자의 성 노동에서 추출되는 섹스 자본은 점점 더 일반적인 상호작용 서비스 노동을 통해 생산되는 자본과 유사한 것으로 인식될 가능성이 있다. 이는 고용된 중간계급 젊은 여성과 성인 여성이 자신들의 섹슈얼리티를 공짜로 또는 돈을 받고 거래하는 소프트 매춘 현상에서 분명하게 드러나기도 한다.[70]

사실 섹스 자본은 성적 매력이 있는 육체에 의해, 그리고 상호작용적인 서비스 노동에 종사하는 노동자들의 성애화된 노동에 의해 창조된다.[71] 이를테면 이스라엘에서의 아름다움과 사회계급에 관한 연구를 위해 카플란이 인터뷰한 한 패션모델은 웨이트리스로서의 자신의 초기 시절을 상기했다. 그녀는 자신의 남다른 아름다움 때문에, 그리고 자신의 성적 매력이 고객들에게 미친 영향 때문에 웨이트리스로 채용되었다는 것을 매우 솔직하게 인정했는데, 그녀는 고객들이 자신에게 매우 아낌없이 팁을 주곤 했던 것을 즐겁게 기억했다.

또 다른 단적인 예는 도쿄의 여성 전용 호스트 클럽에서 일어나는 '연출된 유혹'이다. 민족지학자 아키코 다케야마Akiko Takeyama가 주장하듯이, 남성 호스트는 그녀가 클럽의 단골이 되기를 바라며 그녀에게 성애화된 노동을 수행하고 있었다.

> 내가 호스트들의 의도를 곰곰이 생각하는 동안, 나는 내 무릎이 신(Shin)의 무릎에 살짝 닿고 있는 것을 감지했다. 나는 자세를 바로잡고 나의 다리를 살며시 뺐다. 내가 다시 대화에 빠졌을 때, 다시 한번 나의 바짓가랑이 한쪽이 신의 바짓가랑이에 닿았다. 그는 약간 더 가까이 다가와서 나에게 기댔다. 그는 "좋은 시간 보내고 있나요?"라고 내 귀에 속삭였다. 나는 고개를 끄덕였다. 그의 속삭임은 간지러웠고, 알코올에 살짝 취한 나는 그에게서 나는 향수의 달콤한 향기에 빠져들었다. 그의 미묘한 몸짓은 클럽의 열린 공간을 친밀한 환경으로 바꾸어놓았다. 당시에 그가 가까이 다가온 것은 ― 그것이 우연이든 그렇

지 않든 간에 — 의도적인 것처럼 생각되었다. 신의 그 은밀한 속삭임에 어떤 실제적인 내용은 없었다. 하지만 나는 그 대화의 내용을 나만 간직함으로써, 그에게 점점 더 끌리게 되었다. 그러한 감정은 열린 공간에 다른 사람들이 존재하기 때문에 — 다른 사람들이 존재함에도 불구하고가 아니라 — 생겨났다. 신은 나의 감각적인 경험과 인지적 해석이 모든 것을 아우르는 것처럼 느껴지는 환상을 만들어냈다.[72]

엘리트 글로벌 순회 파티에 관한 애슐리 미어스의 민족지학은 같은 종류의 보다 친숙한 성애화된 노동을 보여준다. 미어스는 부자 남자들 — 투자 은행가, 부동산 거물 등 — 의 글로벌 네트워크가 높은 수준을 유지하는 것은 생트로페의 요트에, 롱아일랜드 햄프턴에서 열리는 해변 파티에, 뉴욕의 고급 바와 레스토랑에 '젊은 여자'가 존재하기 때문이라는 사실을 보여준다. 이 섹스 경제에서 부자 남자들은 자신들의 사회적 유대감과 사업 관계를 진전시키기 위해 젊은 여자들의 육체와 외모를 이용한다. 중요한 것은 거기에 도덕적이자 심미적인 위계질서가 존재하는 것으로 보인다는 것이다. 그 젊은 여성이 모델처럼 보일수록 그 여성은 덜 직접적으로 성애화되거나 덜 '낙인찍히고', 그 역의 관계도 성립한다.[73] 키가 크고 몸치장을 한 패셔너블한 여자들은 주변에 화려한 분위기를 더함으로써 남자들 사이의 어색함을 해소하는 데 도움을 준다.

미어스가 설명하듯이, "젊은 여자들은 두 가지 의미에서 장식으로 기능했다. 그녀들은 남자들을 실제보다 더 나아 보이게 하는 하나의 장식품이었다. 그녀들은 또한 명예의 표시, 즉 다른 남자들의 관심을 끄는 지위 기표였다."[74] 그렇지만 고급 레스토랑에서 한 고객이 미어스에게 말했던 것처럼, 아름다운 젊은 여성이 단지 "집에 가구를 비치하는 것처럼 우리를 더 나아 보이게" 하기만 하는 것은 아니다.[75] 그것 말고도 지위가 높은 사람처럼 보이는 것은 그 자체로 즐겁다. 미인 앞에 있다는 것만으로도 기분이 좋다. 그렇기 때문에, 여성의 몸과 얼굴이 VIP 분위기를 만들어내는 데 동원되고 이용된다. 의심할 바 없이, 사람들은 그 젊은 여성이 가짜이고 싸구려처럼 보일수록 그녀들이 돈을 받았을 것으로 믿는다.

미어스의 연구에 참여한 사람 중 한 명은 성애화된 노동에 따르는 위험에 관해 설명했다. 칵테일 웨이트리스로 일하는 그녀의 업무는 음료를 제공하는 것뿐만 아니라 남성 고객들을 테이블로 끌어들이는 것이었다. 그녀는 그러한 노동자들은 끊임없이 고객과 새롱거려야 하며 "그러기 위해서는 얼마간 창녀"가 되어야 한다고 말한다.[76]

요약하면, 특히 합법적인 노동에서도 육체가 성의 표면으로 기능하고 신체적 빼어남이 성애화된 빼어남으로 화폐화됨에 따라 성 노동과 이른바 합법적인 노동 간의 경계가 점점 더 모호해지면서, 우리는 육체의 잉여가치로서의 섹스 자본을 조정하는 양식이 새롭게 변화하고 있음을 확인할 수 있다. 이러한 형태의 섹스 자본이 생산되는 주요 장소인 성 산업의 일부 영역에서는 성 노동이 일반적인 서비스 노동과 더욱 비슷해진다. 이는 관련 성 노동자들에게서는 직접적 착취와 노동 소외가 덜 문제가 되고 있다는 것을 의미한다.

하지만 성 노동자들이 자신의 몸이 수행하는 성적 행동을 통해 여전히 화폐 자본을 생산하는 한, 그러한 노동자들은 이제 감정 노동에 대한 증가하는 요구, 낙인 관리 및 자기 브랜드화 등과 같은 새로운 문제에 직면한다. 중요한 것은 이러한 새로운 문제들이 일반적인 상호작용 서비스 노동자들이 겪는 문제와 다르지 않다는 것이다. 이러한 변화를 묘사하는 또 다른 방법은 성 노동이 일반적인 서비스 노동과 점점 더 제휴하고 있을 뿐만 아니라 그 반대도 사실이라고 제시하는 것이다. 다시 말해 일반적인 서비스 노동 역시 웨이트리스의 사례에서 살펴본 것처럼 성애화되고 있다.[77]

육체화된 섹스 자본: 매력적임, 섹시함, 섹스 노하우

우리는 앞의 사례들에서 성 노동 또는 성애화된 노동의 맥락에서 생산되는 섹스 자본과 대체로 인적 노동의 소유자처럼 기능하는 남성들에 의해 축적되는 섹스 자본에 초점을 맞추었다(그러나 우리는 일부 맥락에서는 일반 노동자들 역시 그러한 가치의 일부를 스스로 추출할 수 있다는 것도 살펴보았다). 이 장의 앞부분에서 논의된 형태의 섹스 자본은 성 서비스와 성애화된 형태의 노동이 화폐화된 거래의 일부로 교환된다는 가정하에 설정되었다.

이제 우리는 세 번째 범주, 즉 육체화된 섹스 자본에 초점을 맞춘다. 이 경우에 성적인 만남은 거래—즉, 팔고 사는 어떤 것—가 아니라, 비록 일시적이기는 하지만 성적 관계의 일부이다. 여기서 섹스 자본은 다른 사람들보다 더 매력 있는 사람들의 것이다. 왜냐하면 매력 있는 사람들은 더 많은 파트너, 또는 더 매력 있는 파트너를 유혹할 수 있기 때문이다. 이 상황은 미셸 우엘베크Michel Houellebecq에 의해 그의 소설 『무엇이든(투쟁 영역의 확장)Whatever(Extension du domaine de la lutte)』에서 훌륭하게 묘사되었다. 한 평론가가 ≪인디펜던트Independent≫에서 지적했듯이, 우엘베크의 테제는 "1960년대의 성 혁명은 섹스 시장에서 공산주의가 아니라 자본주의를 창조했고, 매력적이지 않은 최하계급은 추방당했다"는 것이었다.[78] 이 프랑스 작가는 그것을 다음과 같이 다소 신랄하게 표현했다.

> 우리는 오늘날 에로틱한 매력과 돈이라는 2차원의 체계에 살고 있다. 나머지 모든 것, 즉 사람들의 행복과 불행은 이로부터 파생된다. …… 그들이 말하는 것처럼, 섹스 슈퍼마켓들이 있다. 그 슈퍼마켓들은 보통 자신들이 공급하는 포르노에 대한 꽤 정교한 카탈로그를 제작한다. 하지만 그 카탈로그는 결정적인 것을 결여하고 있다. 사실 섹스 추구의 결과는 쾌락이 아니라 오히려 나르시시즘적 보상, 즉 한 사람의 에로틱한 우월성에 대해 매력 있는 파트너가 보답하는 위세이다. 이것이 바로 AIDS에 큰 변화가 없는 이유이다. 콘돔은 쾌락을 감소시킨다. 그러나 식품과 달리 섹스의 목적은 쾌락 그 자체가 아니다. 섹스의 목적은 정복이 주는 나르시시즘적 도취이다. 포르노 소비자는 그러한 도취를 경험하지 않을 뿐만 아니라 아주 자주 정반대의 감정을 경험한다.[79]

섹스가 지위 경쟁과 관련되거나 지위 경쟁을 포함한다는 관념은 원래 짝 찾기, 짝짓기, 결혼 시장에 관한 연구에서 발전되었다. 이 연구 노선에서 지배적인 관점은 사회적 교환 이론과 합리적 선택 이론에 의존한다. 이 관점은 ('상류사회의 사람'과 결혼하여 상승이동을 하고자 하는 경우에서이든 아니면 그저 일반적인 데이트로 간주되는 대학의 데이트 및 짝짓기 시스템에서이든 간에) 행위자들이 효용을 극대화하고 지위 경쟁에서 전략적으로 승리하기를 열망한다고 시사한다.[80] 하지만 우리는 여기서 보다 최신판의 공리주의적 접근방식, 즉 섹스장 접근방식을 다룬다.

우리가 이미 지적했듯이, 섹스장 접근방식은 특정한 성적 상호작용의 사회적 네트워크 내에서 이루어지는 "욕망의 사회적 조직화"를 탐구한다.[81] 이 분석 틀에서 섹스장은 자기 나름의 내부 행동 규칙을 가진 소규모 사회적 서열 경제, 좀 더 구체적으로 말하면 자신이 타인에게 지니는 매력을 축으로 하여 조직화된 경제이다. 섹스장은 도시 소재지일 수도 있고, 하위문화일 수도 있고, 나이트클럽의 현장일 수도 있고, 또는 대학의 데이트 시스템일 수도 있다.[82] 그러한 경기장들에서 어떤 사람은 다른 사람보다 성적으로 더 성공한다. 그 성공한 사람은 더 많은 섹스 자본을 소유하고 있다.

종교로부터 섹슈얼리티가 점차 자율화되는 과정에서 섹스장이 출현했다. 잉글리스는 아일랜드인의 섹슈얼리티가 종교로부터 점차 분화되는 방식에 대해 논의한다.[83] 그 규모와 무관하게 성적 영역은 행위자들 사이에 섹스 자본이 불평등하게 배분되는 준자율적인 사회 영역으로 인식된다.

제임스 패러James Farrer는 섹스 자본을 "하나의 장 내에 섹스 행위자의 지위를 제공하는 사람이 가지는 자원, 역량, 자질"이라고 정의한다.[84] 행위자들이 섹슈얼리티를 투자하고 계발할 만한 가치가 있는 하나의 장이라고 인식하고 있음을 보여주는 증거 중 하나는 아마도 유혹 기법을 가르치는 공식 '학교'가 등장하여 번창하고 있다는 것일 것이다. 그러한 기법의 달인은 픽업 아티스트(여성 유혹 기술자pickup artist: PAU)로 알려져 있다. 2018~2019년에 그러한 종류의 코치를 전문으로 하는 산업은 1억 달러 규모에 달하는 것으로 추정되었다.[85] 닐 스트라우스Neil Strauss가 2005년에 출간한, 여성과의 관계에서 성공하는 기법을 제시한 책 『게임The Game』은 현재의 PAU 물결을 일으킨 촉매제로 여겨진다. 그 책은 250만 부가 판매되었다.[86] 이러한 추세는 섹스 자본이 행위자들이 가지기 위해 노력하는 것임을 분명하게 보여준다.

섹스 자본이 이 특별한 장에서 누가 더 많이 성공하고 누가 덜 성공하는지를 틀 짓는 하나의 자원이라면, '가장 부유한 사람'은 얼마나 매력적인지, 그리고 얼마나 많은 파트너와 성관계를 맺을 수 있는지를 기준으로 가장 많은 섹스 자본을 축적하는 사람이다. 이 이론에 따르면, 매력적임 자체는 한 사람의 지위를 높여주고, 사회적 서클 내에서 한 사람의 사회-성적 성공을 촉진하며, 항상 다른 사람의 매력 및 성공과 대비되어 결정된다.[87]

섹스가 지위 경쟁을 지향할 때, 이 영역에서 행위자들은 "이상적인 체격"을 만들어감으로써, "적절한 옷과 액세서리를 보유함으로써, 그리고 적절한 자세, 바디랭귀지, 직업 언어, 말투를 채택"함으로써 자신의 섹스 자본을 극대화하고자 하는 주체로 인식된다. "성공은 성공을 낳는다. 어떤 사람이 섹스장에서 더 많은 관심을 받을수록, 다른 사람들은 그를 더 매력적이라고 인식할 가능성이 크다."[88]

실제로 섹스장 접근방식을 취하는 연구 대부분은 특정한 섹스장에서 섹시함의 육체화된 기준을 전면에 내세운다. 하지만 리사 웨이드Lisa Wade는 대학의 훅업 문화hookup culture[캐주얼 섹스를 받아들이고 조장하는 문화_옮긴이]에 대한 연구에서, 훅업 현장에서는 섹스 자본—즉, 훅업 현장에서 파트너를 유혹하는 능력—이 주로 플레이어가 가지는 적절한 **감정적** 성향과 관련되어 있다는 것을 보여준다. 웨이드는 학생들 자신의 이야기를 이용하여, 감정적 냉담함과 감정적 유리遊離가 캐주얼 섹스의 실제 통화라는 것을 보여준다. 그러한 결말이 상당한 장기적인 감정적 손상을 유발함에도 불구하고, 그 현장의 플레이어들은 여전히 자신들의 캐주얼함과 비非배려를 수행할 필요가 있었다. "캐주얼하다는 것은 단지 규범적인 것일 뿐만 아니라 또한 성적으로 격정적인 것이기도 했다. 학생들은 냉담할수록 더 에로틱한 지위를 주장할 수 있었다. 그리고 냉담하다는 것의 반대는 감상적이라는 것일 뿐만 아니라 또한 섹시하지 않다는 것이기도 했다."[89]

섹스장 접근방식은 주목할 만한 강점을 가지고 있다. 그중 하나는 섹스장 접근방식이 특정 장 내에서 일어나는 자산과 역량의 사회적 교환이 어떻게 참여자들 사이에 성적 성공의 차이를 만들어내는지에 주목한다는 것이다. 이것은 섹스의 사회성을 진지하게 받아들이는 확실히 가치 있는 시도이다. 다시 말해 섹스장 접근방식은 한편으로는 성적 인기는 그 사람을 능력 있고 훨씬 더 성공한 것으로 느끼게 하는 사회적 이득을 가져다준다는 것을 인정하고, 다른 한편으로는 매력적임 및 인기의 조건 — 그 조건이 매력적인 육체이든, 섹스 노하우이든, 또는 적절한 감정적 성향이든 간에 — 이 보편적이지 않다는 것을 인정한다(오히려 그러한 조건들은 극히 추측적인 것일 수 있다).

섹스장 접근방식의 또 다른 강점은, 섹스 자본이 개인 자신에 의해 축적되는 개인적인 육체화된 속성이라고 주장한다는 것이다. 따라서 섹스장 접근방식은 일반적으로 거시 구조적인 설명을 선택하는 대부분의 성과 섹슈얼리티에 대한 사회적 분석에 하나의 중요한 층위, 즉 개인 간 및 상호작용 층위를 추가한다. 일상적이고 국지적인 수준에서 일상생활을 통해 성생활이 집합적으로 틀 지어지는 방식을 설명하려는 이러한 시도는 칭찬할 만하다. 섹스장 접근방식은 섹스를 하나의 국지적 서열 체계 내에서 작동하는 개인적인 사회적 자원으로 간주함으로써 실제로 일상적인 성적 매력의 경험이 어떻게 사회적 가치를 할당하고 배분하는지를 더 잘 이해할 수 있게 해준다.

그러나 섹스장 접근방식은 부르디외의 사회학을 따르지만, 보다 발전되고 더 광범위한 권력 개념을 결여하고 있다. 다시 말해 섹스장 접근방식은 조사 대상이 되고 있는 특정한 섹스장 밖에 존재하는 다른 사회적 힘들이 성적 매력의 위계를 어떻게 틀 지을 수 있는지에 대해 설명하지 않는다.[90] 그 대신에 하나의 장 내에 있는 플레이어들을 너무나도 합리적이고 공리주의적인 것으로 간주한다.

결정적으로는 육체화된 섹스 자본은 젠더화·인종화·계급화되어 있다. 젊은 (그리고 그렇게 젊지 않은) 성인의 삶에서, 그리고 젊은 여성의 소셜 미디어 관행에 대한 대중 논쟁과 학술 논쟁에서 현재 자기 객관화의 형태로서 셀카 문화가 차지하는 지배적인 위치를 감안할 때, 계급은 특히 중요하다. 섹시한 셀카를 둘러싼 논쟁과 우려는 육체화된 섹스 자본이 무엇이며, 그것이 계급, 젠더, 민족성과 어떻게 교차하는지, 그리고 그러한 섹스 자본이 우리 문화 산업에서 어떻게 틀 지어지는지를 밝혀낼 수 있는 하나의 비옥한 지반이다.

만약 사회 전반에 걸쳐 문화적 성애화 과정이 진행되고 있다면, 그리고 각계각층의 사람들이 성애화된 이미지를 소비하는 동시에 생산한다면, 이는 누가 섹시하다고 여겨지는가라는 질문을 던지게 한다. 한 번 더 말하자면, 만약 우리가 육체화된 섹스 자본이 사회적 힘에 의해 틀 지어지는 동시에 사회적 힘을 틀 짓는다고 가정한다면, 이는 제기되어야 하는 중요한 질문이다.

문화에서 섹시함이 시각적으로 생산되는 방식을 연구한 한 프로젝트는 인스타그램 유명인사의 미학에서 영감을 받은 섹시한 셀카를 전문 사진작가인 연구자가 직접 창조한 사진과 비교했다. 한 인터뷰에서 자신에게 '섹시하다'는 것이 무엇을 의미하는지를 물었을 때, 한 참가자는 "매력적인 것, 그리고 '유혹적이지만 야하지는 않은'" 것이라고 말했다.[91] 여기서 분명히 섹시함에 대한 평가는 계급적 평가와 얽혀 있다. 그 논문의 후반부에서 연구자이자 사진작가인 엠마 필립스Emma Phillips는 자신이 그 참여자(그리고 다른 참여자들)를 찍은 전문적인 사진에 자신이 자신의 생각과 유사해 보이는 중간계급의 인식을 어떻게 시각적으로 부호화했는지에 대해 곰곰이 생각한다.

> 나는 내가 이 심미적인 장에서 내가 얼마간 공감하는 일부 기표를 활용하여 그 사진들을 부호화하고 있다는 것을 알고 있다. 이는 나의 취향을 확장하는 것이고, 나의 문화적 통화cultural currency를 위한 것이다. 나는 우울한 분위기를 자아내는 조명을 비춤으로써, 시몬Simone과의 거리감이나 특별한 친밀감을 만들어내는 렌즈를 사용함으로써, 시몬의 얼굴에 마스크를 씌우거나 시몬에게 도발적으로 트렌치코트를 입힘으로써, 분위기 있는 도시 풍경을 배경으로 함으로써, 의도적으로 렌즈를 흐르게 하거나 움직임으로써, 서사적인 암시를 하거나 거울의 특징을 이용함으로써 그렇게 한다. 나는 호기심을 자극하고 감정적인 반응을 불러일으키는 명암법을 이용하는 현대의 전문적인 초상화 스타일에 의식적으로 주목하여 그 [사진들]을 제작했다. …… 나는 사진을 깊이 들여다볼 것을 부탁한다. 나는 사진을 보는 사람이 무슨 일이 진행되고 있는지를 내게 묻기를 원하고, 어두운 분위기에 유혹되기를 바란다. 나는 내 관람객을 염두에 두고 있고, 그들에게 다가가는 방법을 알고 있다. 나는 베벌리 스케그스Beverley Skeggs가 '부르주아 시선bourgeois gaze'

이라고 부르는 것에 호소하고 있지만, 내가 나중에 성찰하기 전까지는 그 사실을 의식하지 못한다. 나는 나 자신의 일단의 미학적 코드가 나의 지배적인 문화 자본을 확인하고 확장하는 계급 경계를 명확히 하는 데 일조하는 것은 아닌지, 그리고 여성 섹슈얼리티의 저속한 과시(나는 여기서 '저속한'이라는 용어를 객관적으로 사용한다)를 주변화하는 것은 아닌지를 검토해야만 한다. …… 그것은 확실히 사회적 장에서 나의 지위를 보호하고 계급 구별을 강화한다.[92]

대부분의 중간계급 취향 판단의 경우와 마찬가지로, 연구 참가자들 역시 그러한 이미지가 섹시함을 '적절하게 표현하는' 동시에 섹시함의 심미적 기준을 틀 짓는 힘을 지닌 것으로 인식하고 있었다. 여성은 물론 남성도 다른 사람들에게 섹시하다고 여겨지고 섹스 자본을 가지기 위해서는 특정한 방식("매혹적이지만 야하지는 않은", "격정적인")으로 보아야 하고 심지어 느껴야 한다.

육체화된 섹스 자본은 다양한 성적인 라이프스타일 상품과 서비스를 소비함으로써 도움을 받을 수 있다.[93] 그러한 상품 중 일부는 소비자들이 자신의 몸을 더 섹시하게 보이도록 성형하게 하는 데 일조한다. 린디 맥두걸Lindey McDougall이 '클린-슬릿 이상clean-slit ideal'이라고 칭한 것을 사회 전반에 정상화하는 것의 일환으로 중간계급 여성들 사이에서 여성 성기 성형수술의 인기가 높아지고 있는 것은 이를 보여주는 대표적인 사례이다. 미디어(주류 미디어와 포르노 미디어)와 의사들에 의해 홍보되는 이 이상에 따르면, 미적으로 호감이 가는 외음부는 털이 없고 매끄럽고 깨끗하고 미니멀리즘적인 외양이다. 질 성형수술은 여전히 드물지만, 많은 여성이 그러한 이상을 따라 매력적인 여성성의 이상을 달성하고 자신의 자존감을 높이기 위해 음모를 제거한다.[94]

다른 성 여가 상품들 역시 사회적 이상을 고취한다. 그 이상에 따르면, 사람들의 가치는 성적으로 얼마나 유능한지, 그리고 "능숙한 섹스 파트너가 되는 데 필요한 스킬"을 얼마나 발전시켜 왔는지에 달려 있다.[95] 확실히 성적 역량은 친밀한 관계라는 사적 영역에서만 두 파트너의 육체화된 성적 수행을 통해 발휘될 수 있다. 성적 역량은 개인적인 능력이다. 성적 역량은 순전히 경험적인 것이기 때문에 보통 기호학적으로 전혀 가시화되지 않으며, 대부분의 보통의 성적 주체 — 여전히 성적 행위를 사적으로 수행하는 — 의 몸에서는 성적 역량을 읽어낼 수 없다. 하지만 성 자기계발 제품을 생산하는 대규모 산업이 '의무적인' 성 역할의 요건을 충족시키는 방법 및 우리에게 좋은 성생활을 하는 방법을 가르치기 위해 대중문화 속으로 확산되었다.[96]

성적으로 만족하는 것이 필수적인 요소가 된 세계에서는, 비록 이 기준이 오히려 장기적인 관계에서 더 유력하지만, 캐주얼 섹스에 관한 방대한 문헌이 보여주듯이,[97] '침대에서 잘하는' 것은 여성에게도 하나의 가치 있는 자원이 된다.[98] 이처럼 '섹스의 스킬화enskilling of sex'가 20세기 전반기에 시작된 것으로 볼 수 있지만, 그것은 처음에는 의학적 및 심리학적 전문 지식의 영향을 받아 이루어졌다. 그리고 그러한 전문 지식은 여성의 섹슈얼리티를 그저 수동적이고 잠재적일 뿐만 아니라 모성 및 돌봄 본능과도 본래 결합되어 있는 것으로 간주했다.[99] 그러나 1960년대 후반에 이러한 교육적 역할은 대중문화와 덜 전문적인 전문 지식에 의해 수행되었다.[100] 그 속에서 여성의 섹슈얼리티가 긍정적으로 찬양되면서,[101] 남성, 그리고 점점 더 여성은 자신의 쾌락을 책임질 것을, 그리고 다양한 상품을 사용하여 쾌락을 추구할 것을 권고받았다.[102]

우리는 우리의 네 번째이자 마지막 섹스 자본 범주에 대해 논의하는 다음 절에서 이러한 유형의 개인적이고 경험적인 성 노동으로 돌아갈 것이다. 현재로서는 섹스 스킬이 하나의 상품—그 소비가 계급 배경과 문화적 취향에 크게 좌우되는 상품—이라고 제안하는 것으로 충분하다.

마고 와이스Margot Weiss는 샌프란시스코에 있는 BDSM(본디지, 지배, 사디즘, 마조히즘) 커뮤니티에 대한 자신의 민족지학에서 BDSM이 더욱 제도화되어 주류의 전문적인 활동이 됨에 따라 중간계급의 취미로 묘사되기도 한다는 것을 보여주었다. 그녀에 따르면, "SM 실행자들은 푸코의 자기계발적인 자아 실천을 강조하는 미국의 자기계발 담론 및 교육 담론을 동원하여 자의식적으로 자신들의 SM을 실행한다."[103] 와이스는 계속해서 BDSM을 제도화하고 BDSM이 지닌 이전의 도착적이고 야비한 연상들을 제거하려는 다양한 BDSM 실행 교실, 토론 그룹, 회원 클럽들을 보여준다. 이처럼 특정한 섹스 스킬을 습득하는 것이 BDSM 실행자들의 장에 특유한 섹스 자본을 증진시키기는 하지만, BDSM 라이프스타일 자체는 그러한 실행자들이 보유하고 있는 기존의 문화 자본을 기반으로 한다.

우리는 앞에서 섹스가 성 노동을 통해 **직접적으로** 자본을 생산하기도 하고, 자신의 노동력을 상품화할 의지와 능력이 있는 온순한 임금 노동자를 집합적으로 생산하기 위해 재생산 영역에서 섹슈얼리티를 규제함으로써 **간접적으로** 자본을 생산하기도 한다고 주장했다. 소비의 순간에도 같은 논리가 적용된다. 요즘 소비자들은 온갖 다양한 성 상품과 서비스를 구매한다. 그러나 성은 성관계 자체에 사용되는 상품을 통해서만 소비되는 것이 아니다.

어떤 사람들은 신경제에서는 소비문화 전반이 (집합의식을 구조화하고 자본주의를 재생산하는) 거대한 에로틱 판타지 작품을 만들어낸다고 주장한다.[104] 폴 프레시아도Paul Preciado는 이 과정을 '섹스 자본의 고도 집중high concentrations of sex-capital'이라고 묘사했다.[105] 프레시아도는 우리의 성적 주관성을 지배하고 우리로 하여금 제약 기업과 포르노 기업의 이익을 위해 행동하도록 지시하는 탈산업적 '제약포르노 레짐pharmacopornographic regime'을 규명한다. 여러 연구자가 연구한 좋은 사례 중 하나가 ≪플레이보이Playboy≫라는 잡지(그리고 여타 고도로 성애화된 미디어 제품)의 출판과 전후 소비자본주의의 부상 간의 연관성이다.[106] 다시 말해 성 노동자들뿐만 아니라 성 소비자들도 공동으로 거대 자본을 창출한다. 이를 분명하게 보여주는 사례를 하나만 들어보면, 2019년에 글로벌 섹스 토이 시장의 규모가 266억 달러에 이를 것으로 추산되었는데, 이 수치는 향후 몇 년 동안 증가할 것으로 예상된다.[107]

신자유주의적 섹스 자본, 자긍심, 그리고 고용 가능성

지금까지 우리는 섹스가 결혼 가능성을 보장할 때, 또는 섹스가 성 노동자의 성 노동(또는 다른 서비스 노동자의 성애화된 노동)으로부터 **잉여 가치**로 추출될 때, 섹스가 하나의 자본이라는 점을 살펴보았다. 우리는 또한 일부 맥락에서 성 노동이 서비스 및 창의적인 유형의 노동과 일부 유사성을 보여준다는 것을 살펴보았다. 일반적인 서비스 직업과 마찬가지로 성 노동 역시 이러한 맥락에서 감정적 투자와 자기 브랜드화 스킬을 요구한다.

끝으로, 우리는 또한 **육체화된 섹스 자본**에서 섹스, 섹시함, 매력적임이 주로 소비의 영역에서 조달된다는 것을 살펴보았다. 이러한 육체화된 형태의 섹스 자본은 상호작용적이기는 하지만, ('동물적 욕망'이 노동자의 온순함이나 미래 노동자의 창의성을 확보하는 데 이용되는 경우) 재생산적이지는 않다. 또한 육체화된 형태의 섹스 자본은 성적 상품이나 서비스를 포함하지만, 그러한 단순한 상품으로 축소될 수 없다.[108] 오히려 섹시함과 섹스 노하우는 같은 생각을 가진 사람들이 공유하는 성적 취향을 표현한다. 문화 자본과 매우 유사한 이러한 형태의 섹스 자본은 계급화된 집합적인 평가 도식에 기초한다. 그것은 점점 증가하는 문화의 성애화, 좀 더 구체적으로 말하면 섹스가 문화와 자아의 정상적인 생산에서 중요한 부분이 되었다는 사실을 반영한다.

우리는 이제 한 걸음 더 나아가 섹스 자본이 "자율성, 호의적 평가, 자기표현 능력과 같은 [특히 신자유주의적 측면에서 볼 때] 바람직한 것"의 일부라고 제시한다.[109] 이러한 바람직한 것은 고용 가능성과 직접적으로 연결되어 있다. 여기서 고용 가능성이란 경쟁이 극심한 고용 시장에서 고용주들의 마음을 끌 수 있는 일단의 개인적인 성과, 스킬 및 속성을 일컫는다.

노동 사회학자들은 신경제에서 사적 영역과 공공 영역의 구분이 모호하다는 것을 입증해 왔다. 이는 노동자들이 1인 남성(여성) 브랜드로 활동할 것을 요구받는다는 것을 의미한다. 따라서 피고용자들이 판매하는 것은 더 이상 그들 자신의 노동력만이 아니라, 경제적 가치를 추출할 수 있는 그들의 모든 실존적 존재이다.

레나 던햄Lena Dunham이 문신을 한 벌거벗은 자신의 몸을 이용하여 자신의 분신인 한나Hanna를 연기했을 때(전기傳記와 예술 간의 경계를 흐리게 하여 〈걸스Girls〉와 같은 세계적으로 성공을 거둔 TV 시리즈를 제작했을 때), 그녀는 사실은 자신의 성적 자아를 이용하여 창조적인 계급의 아비투스 – 성적인 동시에 전문적인 – 에 부응하는 문화적 상품을 생산한 것이었다.[110] 보다 일반적으로 말하면, 개인들에게는 자신의 독자적인 브랜드를 구축하고 자신의 고용 가능성에 지속적으로 투자하는 것이 점점 더 필요하다.[111] 피고용자들은 적절한 외모뿐만 아니라 적절한 태도를 획득함으로써 고용계약에서 고용주들에게 보다 돋보이기 위해 노력한다.[112] 따라서 우리는 예측할 수 없는 미래에 적응할 수 있는 완전히 고용 가능한 개인은 또한 완전히 성적인 개인이라고 추측한다.

우리는 이미 섹시함과 훌륭한 외모가 뷰티 산업, 성 산업, 글래머 산업, 패션 산업의 디스플레이 작업과 관련된 직업에서뿐만 아니라 여성에게서도 유용할 수 있음을 살펴보았다.[113] 섹시함과 훌륭한 외모는 또한 일반적인 일자리에서도 점점 더 중요해지고 있다.[114] 그렇다면 성적 경험은 일터에서 섹시함의 화폐화를 넘어 어떻게 고용에도 유용할 수 있는가? 섹스의 경험적 차원이 고용을 위해 자본화될 수 있다고 제안하는 것은 터무니없어 보일 수도 있다. 어쨌거나 섹스는 여전히 매우 사적인 문제이다. 또한 우리는 직장에서 항상 직업적으로 행동할 것을, 그리고 최소한 성적인 농담이나 희롱을 하지 않을 것을 기대받는다. 그렇다면 성적 경험이라는 사적 영역과 공적인 직업 영역 간에는 어떤 연관성이 있는가?

실제로 섹슈얼리티와 고용 가능성은 일정하게 연관되어 있기도 하다. 이 주장을 추찰推察하기 위해 우리는 다만 네 가지 가능한 방향만을 제시한다. 그 방향들은 이론적이지만, 우리는 네 가지 모두를 경험적으로 검토할 것이다.

한 가지 연관성은 섹스가 자존감을 증가시키고, 자존감이 자신감을 증가시키며, 이 자신감은 다시 역량에 투영될 수 있다는 것이다. 다나 카플란은 얼마간의 성 경험이 있거나 덜 규범적인 성적 라이프스타일을 가지는 것이 어떤 사람들에게는 자신감을 가지게 하고 그러한 감정을 나중에 이용하기 위해 축적하게 한다는 것을 발견했다.[115] 두 번째 연관성은 섹슈얼리티가 일종의 지배력(특히 일루즈가 『사랑의 종말The End of Love』에서 주장한 것처럼 하룻밤 섹스의 형태에서)을 표현하는 것일 수 있다는 것이다. 셋째로, 섹스는 사회적 역량—즉, 서비스 경제에서 매우 필요한 스킬—을 발휘하는 방법일 수 있다. 성적 만남은 어느 정도의 사회적 스킬의 숙달, 그리고 심지어는 매혹적임을 요구한다는 점을 감안할 때, 그러한 스킬과 매혹적임은 노동의 영역으로 쉽게 이전될 수 있다.

마지막으로, 즐거운 섹스는 더 큰 직업 만족도로 이어진다. (부부간의) 성적 접촉이 직업 만족도에 미치는 영향을 연구한 일군의 연구자는 "피고용자들은 전날 밤에 섹스를 할 때마다 다음날 직장에서 기분이 5% 더 좋아진다는 것을 경험한다"는 사실을 발견했다.[116] 그들은 계속해서 다음과 같이 제시한다.

> 조직 내에서 승진을 도모하는 피고용자 또는 (자영업자나 계약

직 노동자와 같이) 자신의 업무 활동에 의존하여 소득을 창출하는 피고용자는 자신의 성생활을 돌보는 것에 특히 유의해야 한다. 부부간의 섹스는 다음날 기분에 따라 좌우되는 성과에 긍정적인 영향을 미치는 것으로 보인다.[117]

만약 섹스가 다음날 긍정적인 영향을 미칠 수 있다면, 우리는 섹스가 수입을 창출하는 데 도움이 된다고 추측할 수 있다. 따라서 성적 경험이 노동자의 고용 가능성에 또 다른 층위를 추가한다고 가정하는 것은 온당하다.

섹스가 고용 가능성에 기여한다는 관념을 제시하면서, 우리는 우리가 앞에서 구분했지만 다양한 섹스 자본에 대해 토론하는 동안 약간 흐려진 구분, 즉 **섹시함**과 **주관적인 성적 경험**의 구분으로 돌아간다. 우리가 살펴보았듯이, 섹스 자본으로서의 섹시함(범주 3)은 어떤 사람들이 주어진 상황에서 가질 수 있는 섹스 권력이다. 섹스 자본으로서의 섹시함이 갖는 문제는 섹시함이 나이가 듦에 따라 특히 여성에게서 일반적으로 그 빛을 잃는다는 것이다.[118] 이는 여성의 경제적·성적 가치가 주로 남성에 의해, 그리고 남성을 위해 구성되기 때문이다. 게다가 비록 섹시함을 공개적으로 상품화하는 것에는, 그것이 자발적일 경우에조차, 여전히 엄한 사회적·직업적 처벌이 따른다.[119]

다른 한편 성적 **경험**은 본질적으로 자아 내부에서 이루어진다. 그러한 경험은 오래 지속되며 특별히 젠더화되지 않는다. 성적 경험은 일반적으로 다른 사람의 면전에서 일어나지만, 그러한 경험과 접촉의 영향은 우리의 성적 주관성과 연결되어 기억에 오래 남을 수 있다. 여기서 우리는 객관적 현실과 주관적 경험 간의 구분이 순전히 분석적이라는 사실을 부인할 수 없다. 그럼에도 불구하고 우리는 '섹시한'과 '경험적인'은 섹스 자본의 두 가지 별개의 차원이라고 주장한다. 우리는 이 둘을 구분하면서, 신자유주의적 자본주의에서는 매력뿐만 아니라 개인적인 성적 경험도 고용 가능성을 높일 수 있다고 제시한다.

우리는 후기 근대 세계에서 섹스가 성 노동과 성애화된 노동에서뿐만 아니라 소비 라이프스타일의 선택이라는 면에서도 자본화될 수 있다고 제시한다(각각 범주 2와 범주 3). 신자유주의적 섹스 자본은 자아 가치 및 자기 결정과 관련된 느낌, 특히 위험 감수, 특이함, 자아실현, 창의성, 야심 참 등과 관련된 느낌을 불러일으키는 개별적으로 축적된 섹스 관련 감정 상태의 총합이라고 볼 수 있다.[120] 이 일단의 섹스 관련 감정은 피에르 다르도Pierre Dardot와 크리스티앙 라발Christian Laval이 신자유주의적 주체에게 끊임없이 재미있고 실험적이며 창의적이 되도록 강요하는 신자유주의적 '수행/쾌락' 장치'performance/pleasure' apparatus라

고 칭한 것과 유사하다.[121]

성의 영역에서 신자유주의적 수행-쾌락 장치는 여성의 성적 주체와 관련된 주요한 젠더 문제의 하나로 다루어져 왔다.[122] 성적으로 주체적인 능력 있는 (젊은) '알파' 여성의 모습은 실제로 공중에게 상상력을 유발한다. 이 공적 담론은 성적 주체성을 직업적 성공과 직접적으로 연관시킨다. 이를테면 (이성애자) 여성이 "먼저 행동을 취할" 것을 권고하는 데이트 앱인 범블Bumble의 광고를 예로 들어보자.

> 길거리에서 아무 여자에게나 물어보면, 그녀는 자신이 첫걸음을 내디뎠던 순간을 분명히 기억할 것이다. 나는 그녀가 아기였을 때 첫걸음마를 떼었던 일을 말하는 게 아니다! 오히려 나는 4학년 때 당신이 당신의 과제를 발표하기 위해 반 친구들 앞에 섰던 그 몹시 떨리던 순간을 말하는 것이다. 처음에 당신은 너무 스트레스를 받아서 마치 뇌가 녹아버리는 것 같은 느낌을 받았을 것이다. 그럼에도 불구하고 당신은 발표했고, 그것도 멋지게 발표했다. 아니, 어쩌면 사무실에서 있었던 일이 생각날 수도 있다. 다른 모든 사람이 항상 프레젠테이션을 하기를 원하고 당신 역시 프레젠테이션을 하기를 몹시 원하지만 당신은 프레젠테이션에 소질이 없다고 스스로 믿고 있던 때 말이

다. 그러나 그럼에도 불구하고 당신은 상사에게 가서 발표하겠다고 말했고 그가 수락했다. 그리고 당신은 발표했고 스스로 감격했었다! 당신이 그에게 잘 보이려고 아주 애쓰지만 그가 먼저 키스할 때까지 기다리는 데이트의 순간도 매한가지이다. 그가 당신에게 키스하지 않는 한, 당신은 성공을 맛보지 못할 것이다. 그렇지만 이제 한번쯤은 당신이 그냥 첫걸음을 내딛고 그에게 키스해 보라. 스스로에게 이렇게 말하라. "대체 왜 그래! 그게 바로 내가 지금 원하는 거잖아! 인생은 그런 작은 첫걸음으로 이루어지는 거야." 이것이 바로 우리가 범블을 만든 이유이다. 여성들이 사랑, 일, 삶에서 첫걸음을 내디딜 수 있다고 느끼게 하는 소셜 네트워크. 그럼 범블을 다운로드하고 첫걸음을 내디디라. 범블, 첫걸음은 이제 당신의 것이다.[123]

확실히 이 범블의 자기 홍보 글에 묘사된 일련의 사건들은 직업적 성공에서 시작하여 성적 성공으로 나아간다. 반면 우리가 제시하는 방향은 반대이다. 그러나 두 경우 모두에서 성과는 위험 감수와 사람들이 게임에 대해 갖는 순발력의 측면에서 측정된다. 요컨대 섹스는 자신감을 끌어올릴 수 있다. 그러나 그 자신감은 그 여성이 어떻게 보이는지와는 거의 관련이 없다. 더 중요한 것은 그녀가 얼마나 대담한가 하는 것이다. 따라서 여기서 직업적 영역과 성적 영역의 구분은 거의 흐려지고 서로 분리될 수 없다. 이런 점에서 범블은 섹스를 "자율성, 호의적 평가, 자기표현 능력"이라는 신자유주의적으로 바람직한 것을 갈망하는 사람들이 운동하는 경기장으로 간주한다.[124] 범블의 광고는 신자유주의 시대의 산물이다. 그 광고는 섹시함을 되찾고 능력 있는 성적 주체성을 발전시키라는 일부 유쾌한 페미니스트들의 요구를 반영한다. 이러한 사고방식에서 "섹시함은 하나의 존재 방식, 즉 과정이지, 소유가 아니다."[125]

역설적이게도 이처럼 페미니즘이 '섹시하다'는 것을 우리가 '성 경험'이라고 부르는 것의 영역으로 경로를 재설정하는 것은 신자유주의적 섹스 자본에 대한 우리의 이해와 완벽하게 부합한다. 이 둘이 부합하는 것이 역설적인 까닭은 바로 비판적인 페미니스트 사상가들이 외모에 기반한 '섹시' 패러다임을 넘어서려고 하던 시점이 또한 이 '섹시하다'라는 실존적 방식이 경제적으로 유익해진 순간이기도 하기 때문이다.

범블이 그 나름의 방식으로 성적 권한을 부여하기는 하지만, 우리는 성적 자율성을 수행하는 능력, 성적으로 창의적·표출적이 되는 능력, 그리고 더 나아가 성을 자본화하는 능력이 특별히 젠더화되어 있는 것은 아니라고 주장한다. 사실 계급과 계급관계는 젠더보다는 이러한 형태의 섹스 자본과 더 관련되어 있을 수 있다. 따라서 성 경험과 성적 상호작용이 현재 또는 미래의 고용에 미치는 영향은 이미 계급화되어 있다.

여러 연구는 성적 행위가 계급별로 구분된다는 것을 일관되게 발견한다.[126] 이것이 바로 우리가 앞서 섹스 자본이 일종의 육체화된 문화 자본의 일종(우리의 범주 3)이라고 제시했을 때 의도했던 것이다. 하지만 우리는 이제 더 급진적인 것을 제시한다. 다시 말해 오직 **일부** 주체만이 자신의 성적 능력과 성 경험에 의거하여 경제적 보상을 얻을 수 있다.

대부분의 건강한 사람들은 성적인 행위를 하는 데서 실질적인 장벽에 부딪히지 않는다. 그러나 현실에서 모든 성적 주체가 자신의 경험을 기업가적 성향과 고용 가능한 스킬로 전환시킬 수 있는 것은 아니다. 이 경로는 주로 중간계급의 아비투스를 가진 사람들을 위한 길이다. 베벌리 스케그스에 따르면, 중간계급의 아비투스는 자신이 "훌륭하고 호기심 많고 모험적이고 위험을 감수하는 사람"임을 과시할 수 있게 해준다. "위험, 모험, 리스크를 선택하는 것은 중간계급에게 개인적 교환 가치를 증진시키고 승진을 가속화할 수 있다."[127] 따라서 주목해야 하는 것은 고용 시장에서 개인적 독특함이 그 사람의 교환가치로서 갖는 중요성이다.[128]

지금까지 우리는 중간계급의 아비투스가 특이성과 위험 감수를 기반으로 한다고 제시해 왔다. 우리는 또한 섹스 자본이 고용 가능성을 높일 수 있다고 주장해 왔다. 그러나 섹스 자본과 관련된 고용 가능성과 중간계급의 아비투스 간에는 정확히 어떤 연관성이 있는가?

계급관계는 일상적인 상호작용, 특히 직장에서 일어나는 상호작용을 통해 재생산된다. 전통적으로 중간계급의 권위와 사회적 특권은 직업 환경 내에서 확립되고 재생산되어 왔다.[129] 하지만 문제는 점점 더 적은 중간계급 주체들만이 안정적인 직업 경로를 거치고 직업 안정성을 누리기 때문에 무엇이 중간계급 권위를 구성하는가 하는 것이다. 고용이 매우 불안정할 때, 중간계급 주체들에게는 자신들의 권위를 회복할 수 있는 자신의 선천적인 감정적 능력(그리고 우리의 경우 성적으로 각성된 능력) 외에 거의 아무것도 남아 있지 않다.

자신의 고용 가능성을 계속해서 관리해야 하는 운명에 처한 불안정한 자아 사업가self-entrepreneur로서의 신자유주의적 주체를 다룬 문헌은 많지만, 불행하게도 우리가 제안하는 방향으로 섹슈얼리티와 직업적 사업가주의occupational entrepreneurialism를 실제로 연결하는 경험적 연구는 거의 없다. 현재 자본주의에서 노동은 개인적 자유(그리고 양도 불가능한 것)의 한 형태로 에로틱화되었다고 주장되어 왔다. '열정' 노동 유형의 노동들은 심지어 성 노동에도 영향을 미친다. 특이성은 이제 생산의 한 양식이고, 자아 정체성은 생산수단이 되었다.[130] 성과 섹슈얼리티는 더 이상 진정한 자아의 숨겨진 핵으로서만 인식되지 않고, 이제 라이프스타일 틈새 상품으로, 개선 가능한 스킬과 기법으로, 개인적 커뮤니케이션의 양식으로, 웰빙의 경로로, 그리고 창의성, 경험, 그리고 수행 가능한 특이성의 증거로 객관화되어 왔다. 이는 다우셋Dowsett의 다음과 같은 주장에 가깝다.

> 섹스하는 몸bodies-in-sex을 위한 시장을 창출하는 과정에서 …… 기술 소비를 통해 자아를 생산하는 과정에서, 온라인에서 혼자 또는 다른 사람과 섹스하는 과정에서, 그리고 공공연하게 성적인 자아를 마케팅하는 과정에서 단순한 재화와 서비스 관념을 넘어 육체와 성이 점점 더 상품화되고 있다는 사실은 자본주의의 상품화(그리고 더 많은 삶을 자신의 통제권 안으로 끌어들이려는 자본주의의 끊임없는 충동)에 대한 브레이버먼Braverman의 관념이 옳았다는 것을 보여준다. 그러나 그는 그 당시에 "문화, 여가, 가족생활"을 향한 몸짓에서 성, 성행위, 성 경험, 그리고 성적으로 적극적인 몸이 지속적으로 상품화되는 것, 성적 자아를 위한 시장이 확대되는 것, 그리고 한 사람의 매우 성적인 주체성이 점점 더 시장 관계의 논리 내에서 틀 지어지는 것을 볼

수 없었다. 브레이버먼은 또한 이 과정의 생산적 측면 — 즉, 쾌락, 모험, 사회성, 혁신, 사회변화, 의사소통, 관계를 생산하는 측면 — 을 상상할 수 없었다. …… 흥미로운 것은 이들 현장에서 자아가 쉽게 변화한다는 것이다. 종래의 확실성은 창조와 탐험에 자리를 내주고, 그것이 섹슈얼리티와 젠더의 질서를 파괴한다. 오늘의 이성애자가 내일은 양성애자가 되고, 오늘의 새디스트가 내일은 동성애자가 된다. 우리가 성적으로 어떤 사람이고 무엇을 하고 무엇을 원하는지를 정하는 과정에서, 우리는 마케팅되고 구매 가능한 새로운 제품으로 탈바꿈되고, 그 보상으로 우리의 쾌락은 확장된다. 상품화는 우리가 가진 육욕의 비용이며, 섹슈얼리티는 우주처럼 계속 확장된다. 이것이 바로 우리 자신의 욕망에 대한 빅뱅 이론이다.[131]

이 긴 인용문에서 다우셋은 한 사람의 성생활이 그 사람의 내면에 존재하는 일관되고 고정된 독특한 핵심 자아를 표현한다는 관념이 성과 섹슈얼리티에 대한 보다 수행적인 인식 — 성과 섹슈얼리티를 사회적으로 구성된, 그렇지만 유동적인 일단의 자기 식별 체계로 이해하는 — 에 자리를 내주어왔음을 암시한다.

우리는 다우셋의 다음과 같은 평가, 즉 일부 성적 정체성이 유동적이 되어 왔을 수 있다는 것과 (개인적인 성적 쾌락, 성적 자기 식별, 성 경험이 자아를 개방적이고 자유롭고 역량을 강화하는 것으로 브랜드화하는 데서 한몫할 정도로) 성적 영역이 상품화되어 왔다는 것에 동의하지만, 우리의 접근방식과 그의 접근방식 간에는 주요한 차이점도 있다. 다우셋은 "우리는 마케팅되고 구매 가능한 새로운 제품으로 탈바꿈되고, 그 보상으로 우리의 쾌락이 확장된다"라고 말하지만 그 말이 무엇을 뜻하는지를 명확히 하지 않고 있다. 이런 점에서 그의 인식은 여전히 그 '보상'이 **섹스장 내에서의** 더 많은 성적 만남과 더 큰 사회적 성공의 형태를 띠는 섹스장 접근방식에 갇혀 있다.

게다가 우리가 서론에서 주장했듯이, 대부분의 섹슈얼리티 학자들은 얼마간 더 유동적이고 덜 이원적인 급진적 성 정체성의 출현이 창출한 해방적 또는 위반적 잠재력을 전면에 부각시키는 경향이 있다. 반면에 우리는 이러한 일부 정체성의 극단적인 자아 상품화self-commodification를 신자유주의적 노동력의 한 형태이자 하나의 특이한 직업적 이득으로 이해한다. 왜냐하면 최근의 연구들이 보여주어 왔듯이, 비非이원적인 개인, 젠더퀴어, 그리고 여타 다양한 젠더를 가진 사람들은 여전히 많은 조직 환경에서 많은 유형의 사회적 차별을 받고 있기 때문이다. 특히 노동 시장과 관련한 점점 더 늘어나는 증거들에 따르면, 일터에서 점점 더 '다양성' 정책을 시행하기는 하지만, 평균적으로 볼 때 트랜스젠더인 사람들은 고용될 가능성이 적고, 일부 성 정체성이 여전히 임금 불이익을 받고, 일부 사람들은 이원적 젠더 규범을 따를 것을 압박받기도 하기 때문에 일터의 환경이 항상 호의적이지는 않다.[132]

성적 자아 브랜딩을 여전히 (우리가 앞에서 논의한) 개인 간 영역에 한정되는 것으로 이해하는 다우셋과 달리, 로즈메리 헤네시는 한 걸음 더 나아가서 보다 구조화된 직장 생활과 조직 환경에 대해 논의한다(이에 대해서는 자크 비데Jacques Bidet 역시 논의한 바 있다).[133] 헤네시는 비규범적인 성 정체성이 점점 더 하나의 자산이 되어 지식과 창조 경제 생산의 세부 내역에 편입되고 있다고 주장한다. 일부 직장에서는 심지어 '다양성' 프로그램의 일부로 노동자들의 동성애를 이용하기도 한다.[134] 하지만 이것은 (우리가 주장하듯이) 중간계급의 고용 가능성이 성적 자긍심과 관련된 감정에 달려 있다고 주장하는 것과 완전히 동일하지는 않다.

신자유주의적 섹스 자본이 중간계급의 고용 가능성과 어떻게 연관되어 있는지, 그리하여 보다 광범하게는 계급구조와 어떻게 관련되어 있는지를 보여주는 유망한 연구 조류 중 하나가 대학의 섹스를 다루는 연구이다. 최근의 연구들은 남학생과 여학생 모두가 학부 과정 중에 성적 결합을 전략화한다는 것을 보여주어 왔다(하지만 여성이 훅업 문화에 의해 남성보다 더 부정적인 영향을 받는다).[135] 로라 해밀턴Laura Hamilton과 엘리자베스 암스트롱Elizabeth Armstrong은 미국 대학의 캐주얼 섹스에 대한 자신들의 연구에서 상층계급 학생들은 하층계급 출신 학생들과 달리 장기적인 관계를 선택하지 않는다는 것을 발견했다.[136] 상층계급 여성들은 훅업 문화에 참여함으로써 '재미있게 놀았고' 심리적으로 능력을 부여받았다. 그리고 가장 중요하게는 특정한 남자에게 감정 에너지를 낭비하는 대신 자신들의 학업과 미래의 경력에 더 많은 시간을 할애할 수 있었다.

우리는 사적 영역에서 조정되고 경험되는 섹스가 경제 영역에서도, 특히 불안정한 신자유주의적 노동 시장에서 유익할 수 있다고 제시해 왔다.[137] 이러한 견해는 성 영역을 더 이상 생산 영역에 보조적인 것이 아니라 생산 영역과 거의 구별할 수 없는 것으로 간주한다. 이 정의는 경제적이어서 부르디외의 정의와 유사하지만, 그와 동시에 또한 비경제적이어서 부르디외의 정의와 다르다.[138] 결국 부르디외는 모든 장과 그 각 장의 자본이 권력 장에 종속된다고 믿었다. 경제 자본은 모든 주관적인 사회적 분류체계와 삶의 기회의 토대이며, 모든 비경제적 자본은 경제 자본으로 전환될 수 있다(그리고 그 역이 반드시 성립하는 것은 아니다).[139] 그러나 이러한 형태의 자본은 별개의 섹스장은 전혀 존재하지 않는다고 가정한다.

누군가는 섹스 자본에 대한 우리의 접근방식과 캐서린 하킴이 섹스 자본 및 에로스 자본과 고용 시장을 연결하는 방법 간에 어떤 차이가 있는지를 물을 수도 있다. 공정하게 말하면, 하킴은 섹스 자본이 "에너지, 에로틱한 상상력, 유희"를 포함한다고 제안한다.[140] 이러한 구성 요소들은 우리가 신자유주의적 섹스 자본을 정의하는 방식과 상당히 유사하다. 하지만 하킴의 저작에서 섹스 자본은 주로 여성의 섹시함을 언급하는 것으로 이해된다. 하킴의 접근방식에서와 달리 우리는 섹시함은 남성들에 의해서도 자본화될 수 있으며, 섹스 자본은 단지 '섹시한' 외모에서뿐만 아니라 성 경험과 상호작용에서도 추출될 수 있다고 가정한다. 마지막으로, 우리는 섹스 자본의 소유자들이 단지 자신들의 자본을 증대시키거나 고용 시장에서 그 자본을 현금화하기 위해서만 전략을 짜는 것은 아니라고 믿는다. 고용 가능한 섹스 자본은 공리주의적이지 않다. 오히려 섹스 자본을 축적하거나 이용하게 만드는 것은 타산적인 행동이 아니라 계급 성향을 바탕으로 한 습관화이다.

제5장

결론

기독교는 섹슈얼리티를 사사화私事化했다. 그러나 우리는 그 후 성적 자아가 외부화되는, 즉 정치에서 ─ 그러나 주로 소비 행위에서 ─ 표현되는 시대로 이동해 왔다. 프로이트주의의 승리와 함께 성적 자아는 더 이상 한 사람의 공적 자아 아래에 묻히지 않는다.[1] 성적 자아는 더 이상 자신의 진실을 찾는 자전적 프로젝트가 아니다. 오히려 그것은 성 정체성을 불연속적으로 수행하는 것, 즉 "성 정체성을 공개적으로 선언하는 것"이 되었다.[2]

섹스의 사회적 작동방식에 대한 가장 비판적인 사회학적 접근방식들은 성과 섹슈얼리티 및 성의 교환과 관련된 사회경제적 부정의를 지적**하거나 아니면** 성 소수자의 주변화와 권한 부여에 대해 논의한다. 하지만 섹스 자본이 실제로 이익이 되는 경우는 단지 우리가 섹스 자본을 개인의 내면적 느낌**인 동시에**

(프로젝트에 기반한 단기적인 종류의 고용 — 명확한 구조, 조직 환경, 연속성을 결여하고 있는 고용 — 이 노동 생활을 지배하는 상황에서 권위의 한 원천으로 이용될 수 있는) 하나의 심적 능력으로 바라볼 때뿐이다.

따라서 우리가 이 책에서 제시하는 신자유주의적 섹스 자본 이론은 섹스에 관한 하나의 급진적인 정치경제학이다.[3] 이것이 급진적인 까닭은 섹스를 거시 수준에서 사회적 공간이 조직화되는 방식(특히 계급관계)과 무관한, 본질적으로 사적인 문제로 바라보는 지배적인 견해에 도전하기 때문이다. 이런 점에서 우리의 접근방식은 인적 자본 학자들이 발전시킨 접근방식과 다르다.

언뜻 보면, 인적 자본 학자들은 고용을 증진시켜 주는 다양한 지식에 개인들이 어떻게 투자하는지에 초점을 맞추고 있다는 점에서 우리와 비슷한 방향을 가리키는 것으로 보인다. 또한 인적 자본 학자들은 개인적으로 보유하고 있는 수량화하기 어려운 고용 가능한 스킬 — 이를테면 역사적으로 포드주의적 계급관계의 전성기에 중간계급 피고용자들의 협상력을 증대시킨 자격증 — 을 고찰한다. 마찬가지로 우리의 이론도 육체화된 속성과 고용을 연결시킨다. 그러나 인적 자본 학자들과 달리 우리는 합리적 행위자의 생활방식을 가정하지 않는다.[4] 다시 말해 우리는 행위자들이 자신의 이익을 위해 자신의 섹시함이나 '수행 가능한 정체성'을 의식적으로 이용한다고 가정하지 않는다.

비록 우리가 섹스 자본을 개인적으로 축적되는 것으로 바라보기는 하지만, 이러한 견해가 반드시 섹스 자본에 대한 경제학적인 선택 이론 접근방식을 취하게 하는 것은 아니다. 성행동에 대한 합리적인 공리주의적 접근방식을 지지하는 사람들과 달리, 우리는 섹스를 자신의 자본을 극대화하고자 하는 개인주의적 시도 — 공리주의자는 이 원자적 행위자들atomistic actors은 자신의 이익을 추구하는 동안 자신의 투자를 항상 타산적으로 계산한다고 가정한다 —[5]의 문제 그 이상의 것으로 바라본다. 그 대신 우리는 섹스 자본이 중간계급 노동자들, 특히 문화적·창조적 노동에 종사하는 노동자들이 매우 경쟁적인 직업 시장에서 자신들의 장점, 즉 다양한 유형의 암묵지와 육체화된 능력 — 이러한 능력을 획득하기 위해 반드시 공식적인 훈련이나 장기간의 시간이 필요한 것은 아니다 — 을 어떻게 이용하는지를 보다 일반적으로 예증한다고 본다.

우리는 계급화된 주체의 성적 능력과 노동력이 지배계급에 의해 착취당할 때만 섹스가 자본인 것은 아니라고 가정한다. 달리 말해 우리는 섹스 자본을 몸의 잉여가치로 바라보는 견해를 넘어선다. 또한 섹스 자본은 일부 경제학자들이 믿는 것처럼 개인 간 수준에서 소비문화를 통해, 그리고 개인적 또는 직업적 관계 속에서 합리적인 자율적 주체에 의해 이용되고 관리되는 순전히 개인적인 자산도 아니다.[6] 오히려 우리가 셋째 범주와 넷째 범주를 논하면서 보여주었듯이, 섹시함, 그리고 심지어 섹스 노하우의 심미적 코드가 젠더화되고 계급화되어 있는 한, 신자유주의적 섹스 자본은 일상적인 친밀한 삶 속에서 개인에 의해 축적되기 때문에 정확히 계급구조의 일부이다.

신자유주의적 섹스 자본은 자신의 성적 욕망을 친밀한 관계와 가정 내 소비라는 사적 영역으로 한정시키는 잘 적응된 노동자를 생산하는 것을 넘어, 특정 주체만이 일터에서도 자신이 개인적으로 누리는 성적 자유를 행사할 수 있다는 – 그리고 그 성적 자유를 인적 자본으로 이용할 수 있다는 – 가정을 전제로 한다. 어떤 사람들은 섹스를 함으로써 자신을 더욱 고용 가능하게 만드는 자신감과 자아 가치를 획득한다.[7]

이 책을 통해 우리는 자본 축적에서 성 산업이 수행하는 역할을 반복해서 전면에 부각시켜 왔다. 하지만 성 산업은 성이 어떻게 계급구조에 기여하는지를 부분적으로만 설명한다. 그렇다. 성은 판매되고, 성 산업은 (주로) 가난한 여성과 점점 더 많은 중간계급 여성을 예속시키는 데 크게 기여해 왔다. 그러나 현대 문화에서 섹스는 또한 자유, 자아실현, 역량 강화, 창의성을 압축적으로 보여주는 사례이다. 이는 현대 자본주의의 이상과 동일한 것이며, 더 중요하게는 노동생활에서 중심을 이루는 것들이다.

우리는 페미니스트들이 오랫동안 주장해 온 것, 즉 재생산 영역, 즉 "삶 그 자체"가 자본주의 체계를 유지하고 자본을 창조하는 데 직접적으로 관련되어 있다는 것을 진지하게 받아들이면서, 신자유주의적 섹스 자본 개념을 발전시켰다. 우리가 이 관념을 더욱 진척시킬 경우, 우리는 주관적인 스킬과 관행들을 '자아 발명적'이고 '열정적'이고 창의적인 노동 내에서 이용되는 직접적인 생산수단으로 바라볼 수 있다.[8] 신자유주의적 섹스 자본은 특히 중간계급 주체들 – 남성과 여성 모두 – 이 (특히 창조적인 직업에) 고용되기 위해서는 자신들의 생활세계와 정체성을 이용해야 하는 사회적 현실을 보여주는 한 가지 사례에 불과하다. 이런 점에서 섹스 자본 – 섹시함(보통 여성의 경우)이나 성적 수행(보통 남성의 경우) 또는 둘 다를 포함하는 에로틱한 매력 – 은 확장되어 왔다. 섹스 자본은 단지 젠더 위계질서를 반영하고 재생산하는 방식으로 남성과 여성 간에 교환되는 어떤 것이 아니다. 섹스 자본은 또한 자본주의적 재생산 전체를 포함하고 함축한다.

미주

제1장 서론: 섹스와 사회학적 은유

1 이것은 사회학자 알랭 카예(Alain Caillé)와 프레데리크 판덴베르허(Frédéric Vandenberghe)가 다음의 책 첫 부분에서 주장하는 것이다. Alain Caillé and Frédéric Vandenberghe, *For a New Classic Sociology: A Proposition, Followed by a Debate*, New York 2021.

2 Paul Rutherford, *A World Made Sexy: Freud to Madonna*, Toronto 2007.

3 Ranji Devadason, "Metaphor, Social Capital and Sociological Imaginaries," *Sociological Review* 59:3(2011), 633~654; Richard Swedberg, "Using Metaphors in Sociology: Pitfalls and Potentials," *American Sociologist* 51(2020), 240~257.

4 Elizabeth Bernstein, "Sex Work for the Middle Classes," *Sexualities* 10:4(2007), 473~488; Emily Chang, *Brotopia: Breaking Up the Boys' Club of Silicon Valley*, New York 2018; Yu Ding and Petula Sik Ying Ho, "Sex Work in China's Pearl River Delta: Accumulating Sexual Capital as a LifeAdvancement Strategy," *Sexualities* 16:1~2(2013), 43~60; Amin Kalaaji et al., "Female Cosmetic Genital Surgery: Patient Characteristics, Motivation, and Satisfaction," *Aesthetic Surgery Journal* 39:12(2019), 1455~1466.

5 유럽 섹슈얼리티의 역사를 다룬 문헌들에 대한 대그마 헤르조그(Dagmar Herzog)의 리뷰, 그중에서도 특히 캘럼 브라운(Callum Brown)의 저서 『기독교적 영국의 사망(The Death of Christian Britain)』(2001)에 관한 그녀의 요약을 보라. 브라운은 자신의 책에서 1800년경에 신앙심의 여성화가 일어났다고 주장한다. 여성들은 가족을 위해 종교성의 중재자와 유지자가 되었으며, 그러한 역할은 여성에게 성적 정숙과 품위를 강조하게 했다. 따라서 여성의 정체성은 종교성과 품위 모두를 아우르는 것에 기반하게 되었다(Dagmar Herzog, "Sexuality in the Postwar West," *Journal of Modern History* 78:1(2006), 144~171, 여기서는 152~153).

6 Catherine Hakim, *Erotic Capital: The Power of Attraction in the Boardroom and the Bedroom*, New York 2011, 6.

7 Catharine A. MacKinnon, "Feminism, Marxism, Method, and the State: Toward Feminist Jurisprudence," *Signs: Journal of Women in Culture and Society* 8:4(1983), 635~658.

8 Pantéa Farvid, Virginia Braun, and Casey Rowney, "'No Girl Wants to Be Called a Slut!': Women, Heterosexual Casual Sex and the Sexual Double Standard," *Journal of Gender Studies* 26:5(2017), 544~560; Sabino Kornrich, Julie Brines, and Katrina Leupp, "Egalitarianism, Housework, and Sexual Frequency in Marriage," *American Sociological Review* 78:1(2013), 26~50; Göran Therborn, *Between Sex and Power: Family in the World, 1900~2000*, New York 2004.

9 Surya Monro and Diane Richardson, "Citizenship, Gender and Sexuality," in H. A. van der Heijden(ed.), *Handbook of Political Citizenship and Social Movements*, Cheltenham 2014, 65~80; Diane Richardson, "Sexuality and Citizenship," *Sexualities* 21:8(2018), 1256~1260.

10 Monro and Richardson, "Citizenship, Gender and Sexuality," 68.

11 Ibid.

12 Richardson, "Sexuality and Citizenship."

13 Ibid.

14 Jyl Josephson, "Theoretical Perspectives on LGBTQ Movements," in William R. Thompson(ed.), *Oxford Research Encyclopedia of Politics*, Oxford, 2020, https://doi.org/10.1093/acrefore/97801902286 37.013.1303; Monro and Richardson, "Citizenship, Gender and Sexuality," 68~71. LGBTQ+ 외에 비서구 지역의 상황과 역사를 다루며 글로벌 남부의 이론에 더 부합하는 용어들을 제시하는 연구로는 Surya Monro, "Sexual and Gender Diversities: Implications for LGBTQ Studies," *Journal of Homosexuality* 67:3(2020), 315~324를 보라. 유럽의 상황에 대해서는 Herzog, "Sexuality in the Postwar West"를 보라.

15 그렇다고 해서 우리가 퀴어 이론 내에 존재하는 보다 일반적인 비판적 뉘앙스를 부정하는 것은 아니다. 이에 대해서는 다음을 보라. Jasbir Puar, "Rethinking Homonationalism," *International Journal of Middle East Studies* 45:2(2013), 336~339; Leticia Sabsay, "The Subject of Performativity: Between the Force of Signifiers and the Desire for the Real," *The Undecidable Unconscious: A Journal of Deconstruction and Psychoanalysis* 5:1(2018), 155~191; Carter Vance, "Unwilling Consumers: A Historical Materialist Conception of Compulsory Sexuality," *Studies in*

Social Justice 12:1(2018), 133~151.

16 Stephen Valocchi, "Capitalisms and Gay Identities: Towards a Capitalist Theory of Social Movements," Social Problems 64:2(2017), 315~331, 여기서는 316. 중요한 것은 '게이 정체성'이 우리에게 새로 출현하는 일단의 다른 성적 (그리고 젠더) 정체성의 이상형 역할을 한다는 것이다. BDSM, 범성애(pansexuality), 무성애(asexuality) — 이는 새로 등장하고 있는 유동적이고 아직 그리 분명하게 정의되지 않는 형태의 성 정체성 중 일부만 거론한 것이다 — 가 서서히 사회적으로 이해할 수 있는 정체성과 범주로 굳어지고 있다. 그러한 포함을 요구하는(inclusionary) 성적·정치적 프로젝트가 어째서 실제로는 자멸적인지를 날카롭게 분석하고 있는 것으로는 Sabsay, "The Subject of Performativity"를 보라. 무성애가 신자유주의적 자본주의에 어떻게 뿌리 내리는지를 정치경제학적으로 분석하고 있는 것으로는 Vance, "Unwilling Consumers"를 보라. 퀴어의 유동성을 현대 상품 문화에 통합시키고 있는 것으로는 Rosemary Hennessy, *Profit and Pleasure: Sexual Identities in Late Capitalism*, New York 2000, 68~69(ch. 4에 포함되어 있음)를 보라.

17 1990년대 이후 성적 시민권 요구는 변혁적인 방향보다는 개혁적인 방향으로 가는 경향이 있다고 주장된다. 성적 권리 개혁가들은 보통 시스젠더(cisgender)적 및 이성애 중심적 정책으로 인해 야기되었을지도 모르는 모든 불평등을 시정하기 위해 성 소수자들을 "주류에 포함시키고자" 한다(Josephson, "Theoretical Perspectives on LGBTQ Movements," 40).

18 Puar, "Rethinking Homonationalism," 337; Hennessy, *Profit and Pleasure*.

19 Richardson, "Sexuality and Citizenship"; Valocchi, "Capitalisms and Gay Identities"; Vance, "Unwilling Consumers." 로즈메리 헤네시는 이를 다음과 같이 표현하고 있다. "착취는 본질적으로 불평등한 사회적 관계이기 때문에(그리하여 일부 사람들은 다른 사람들을 희생시킴으로써만 이익을 얻을 수 있다), 자본주의는 항상 이 차이를 설명하거나 정당화하거나 합법화하기 위해 문화적으로 얼마간 억압적인 방법을 필요로 할 것이다"(Hennessy, *Profit and Pleasure*, 90). 또한 p. 105도 보고, 다음도 참조하라. K. Duplan, "The Sexual Politics of Nation Branding in Creative Luxembourg," *ACME: An International Journal for Critical Geographies* 20:3(2021), 272~293.

20 Lauren Mizock, Julie Riley, Nelly Yuen, T. Dawson Woodrum, Erica A. Sotilleo, and Alayne J. Ormerod, "Transphobia in the Workplace: A Qualitative *Study* of Employment Stigma," *Stigma and Health* 3:3(2018), 275~282.

21 Valocchi, "Capitalisms and Gay Identities," 316. 발로치는 전후에 게이와 레즈비언이 체제에 포함되어 온 방식 및 그들이 변화하는 자본주의의 양식과 갖는 관계에 대해 미묘한 차이를 보이는 설명을 제시한다. 현대 게이 정체성의 기원 및 게이 정체성과 미국 산업 자본주의의 관계를 역사적으로 설명하고 있는 것으로는 John D'Emilio, *Sexual Politics, Sexual Communities: The Making of a Homosexual Minority in the United States, 1940~1970*, Chicago 1983을 보라. 로즈메리 헤네시는 소비주의와 상품 문화의 관점에서 이 역사에 접근한다. Hennessy, *Profit and Pleasure*, 97~105를 보라.

22 Hennessy, *Profit and Pleasure*.

23 '라이프스타일화'는 비이성애적 정체성의 가시성이라는 한편과 그러한 정체성과 관련된 특정한 소비주의적 관행과 라이프스타일의 조장이라는 다른 한편 간의 공모를 통해 이루어진다. 성 정치의 라이프스타일화에 대해서는 다음을 보라. D. Bell and J. Binnie, *The Sexual Citizen: Queer Politics and Beyond*, London 2000; T. M. Milani, "Sexual Cityzenship: Discourses, Spaces and Bodies at Joburg Pride 2012," *Journal of Language and Politics* 14:3(2015), 431~454. 이 과정은 우리의 일상생활의 다른 측면들로도 확대된다.

24 리사 듀건(Lisa Duggan)이 처음으로 제시한 이 비판적인 견해에 따르면, "특정 국가나 주체가 근대적이라는 주장은 젠더 평등 또는 성평등을 절박한 것으로 보거나 이미 도달하고 있는 것으로 보는 명제에 점점 더 의존한다." Clare Hemmings, "Resisting Popular Feminisms: Gender, Sexuality and the Lure of the Modern," *Gender, Place & Culture* 25:7(2018), 963~977, 여기서는 964. 또한 다음도 보라. Lisa Duggan, *The Twilight of Equality? Neoliberalism, Cultural Politics and the Attack on Democracy*, Boston 2003; Tony H. Zhang and Robert Brym, "Tolerance of Homosexuality in 88 Countries: Education, Political Freedom, and Liberalism," *Sociological Forum* 34:2(2019), 501~521).

25 Puar, "Rethinking Homonationalism." 이 나중의 글에서 자스비르 푸아는 자신의 원래 개념이 보다 넓은 지역으로 확장되었고 지금은 재포장되어 때때로 오해를 받고 있다고 주장한다. 그녀는 원래는 각국의 자유주의적 게이 시민이라는 관념이 어떻게 "지구화되는지, 더 나아가 그 관념이 성적으로 진보적인 다문화주의의 포용 — 이것이 외국 개입을 정당화한다 — 을 통해 미국 제국주의의 구조들을 어떻게 뒷받침하고 있는지"를 설명하고자 했다. "이를테면 아부 그라이브(Abu Ghraib) 교도소 사진들이 야기한 정당화와 훈계는 무슬림 남성 섹슈얼리티를 지나치게 퀴어적인 것이자 위험하게 전

근대적인 것으로 바라보는 오리엔탈리즘적 구성물에 의존한다"(p. 336). 호모내셔널리즘 개념을 비판적으로 리뷰하고 있는 것으로는 Josephson, "Theoretical Perspectives on LGBTQ Movements"를 보라.

26 Gilly Hartal, "Gay Tourism to Tel-Aviv: Producing Urban Value?" *Urban Studies* 56:6(2019), 1148~1164. 자스비르 푸아는 글로벌 북부 사람들의 퀴어 관광이 "퀴어 코즈모폴리탄 엘리트"를 창출하고 글로벌 게이 정체성을 굳건히 하는 데 어떻게 도움이 되는지를 보여주었다. 그녀는 계속해서 게이와 레즈비언 관광객들은 자국의 성적 시민권을 전 지구에서 실현되게 하고자 할 뿐만 아니라 글로벌 남부의 타자들을 성적으로 현대화하려는 비전이 그러한 글로벌 퀴어 이동과 가시성을 뒷받침하고 있다고 주장한다. Jasbir Puar, "Circuits of Queer Mobility: Tourism, Travel and Globalization," *GLQ: A Journal of Lesbian and Gay Studies* 8:1~2(2002), 101~138을 보라.

27 Nancy Fraser, "Crisis of Care? On the Social-Reproductive Contradictions of Contemporary Capitalism," in Tithi Bhattacharya(ed.), *Social Reproduction Theory: Remapping Class, Recentering Oppression*, London 2017, 21~36, 여기서는 33; Hemmings, "Resisting Popular Feminisms," 967~968.

28 Fraser, "Crisis of Care?" 33.

29 Vance, "Unwilling Consumers," 138~139; Sabsay, "The Subject of Performativity."

30 David Harvey, "The Body as an Accumulation Strategy," *Environment and Planning D: Society and Space* 16:4(1998), 401~421.

31 여기서 우리는 "성적 권리뿐만 아니라 섹슈얼리티 자체도 역사화하는 것(그리고 우리의 경우에는 사회학화하는 것)이 중요하다"는 대그마 헤르조그(Dagmar Herzog)의 주장에 영향을 받았다(Herzog, "Sexuality in the Postwar West," 161).

32 Wendy Brown, "Neoliberalism's Frankenstein: Authoritarian Freedom in Twenty-First Century 'Democracies,'" *Critical Times* 1:1(2018), 60~79, 여기서는 62.

33 Eva Illouz, *The End of Love: A Sociology of Negative Relations*, Oxford 2019; Pierre Dardot and Christian Laval, *The New Way of the World: On Neo-Liberal Society*, London 2013; Martijn Konings, *The Emotional Logic of Capitalism: What Progressives Have Missed*, Stanford 2015.

34 Brown, "Neoliberalism's Frankenstein," 62. 또한 Paul Beatriz Preciado, *Testo Junkie: Sex, Drugs, and Biopolitics in the Pharmacopornographic*

Era, New York 2013, 207도 보라.

35 Steven Seidman, *Romantic Longings: Love in America, 1830~1980*, New York 1991, 67.

36 Eva Illouz, *Consuming the Romantic Utopia: Love and the Cultural Contradictions of Capitalism*, Berkeley 1997; Eva Illouz, *The End of Love*; Hennessy, *Profit and Pleasure*.

37 Ken Plummer, "Sexual Markets, Commodification and Consumption," in George Ritzer(ed.), *The Blackwell Encyclopedia of Sociology*, vol. 9, Oxford 2007, 4250~4252, 여기서는 4250~4251.

38 Dana Kaplan, "Porn Tourism and Urban Renewal: The Case of Eilat," *Porn Studies* 7:4(2020), 459~473을 보라.

39 Feona Attwood, *Mainstreaming Sex: The Sexualization of Western Culture*, London 2009; Illouz, *The End of Love*; Preciado, *Testo Junkie*.

40 Andreas Reckwitz, "The Society of Singularities," in Doris Bachmann-Medick, Jens Kugele, and Ansgar Nünning(eds.), *Futures of the Study of Culture: Interdisciplinary Perspectives, Global Challenges*, Berlin 2020, 141~154, 여기서는 143.

41 Ibid., 145.

42 Stephen Maddison, "Beyond the Entrepreneurial Voyeur? Sex, Porn and Cultural Politics," *New Formations* 80~81(2013), 102~118; Alyssa N. Zucker and Laina Y. Bay-Cheng, "Me First: The Relation between Neoliberal Beliefs and Sexual Attitudes," *Sexuality Research and Social Policy* 18:7~8(2020), 1~7.

43 Dana Kaplan, "Sexual Liberation and the Creative Class in Israel," in Nancy Fisher, Steven Seidman, and Chet Meeks(eds.), *Introducing the New Sexuality Studies*, Oxford 2016, 363~370; Stephen Shukaitis and Joanna Figiel, "Knows No Weekend: The Psychological Contract of Cultural Work in Precarious Times," *Journal of Cultural Economy* 13:3(2020), 290~302.

44 Michèle Lamont, "From 'Having' to 'Being': Self-Worth and the Current Crisis of American Society," *British Journal of Sociology* 70:3(2019), 660~707.

45 Breanne Fahs and Sara I. McClelland, "When Sex and Power Collide: An Argument for Critical Sexuality Studies," *Journal of Sex Research* 53:4

(2016), 392~416.

46 Ibid., 408. 우리는 또한 성과 권력이 충돌하는 방식을 이해하기 위해 시장 논리와 친밀성의 사회 논리의 상호 침투에 관한 비비아나 젤라이저(Viviana Zelizer)의 개척자적 연구를 따른다. 젤라이저가 설명하듯이, 성의 영역과 경제적 거래의 영역은 매우 다양한 대인관계 속에서 일정한 방식으로 공존한다. 이는 성 노동에서도, 그리고 가장 중요하게는 보다 오랫동안 광범위하게 지속되는 장기적인 친밀한 로맨틱한(그리고 여타) 관계에서도 사실이다. 양자 간에 통상적으로 이루어지는 이러한 교차는 사람들이 왜 젤라이저가 '좋은 매치(good match)'라고 이름 붙인 것을 끊임없이 이루어내는지를 설명한다. 다시 말해 우리는 우리의 관계를 유지하기 위해 경제와 친밀성이 서로 매치를 이루도록 끊임없이 노력한다. "관계는 너무나도 중요하기 때문에 사람들은 그 관계가 그 관계에 적절한 형태의 경제 활동 및 그 관계의 특성을 나타내는 명확한 표시와 매치를 이루게 하기 위해 열심히 노력한다"(p. 307). 좋은 매치를 이루어내는 것은 일상에서 지속적으로 이루어지는 하나의 상호작용 관행이다. 좋은 매치는 친밀성의 수준 또는 유형에 따라 우리가 어느 정도의 매치를 적절한 것으로 문화적으로 이해하는지에 달려 있을 뿐만 아니라 계급 지위, 민족 지위 및 여타 사회적 지위에도 달려 있다 (p. 307). V. A. Zelizer(2006), "Money, power, and sex," *Yale Journal of Law & Feminism*, 18(1), 303~315.

제2장 성적 자유와 섹스 자본

1 Faramerz Dabhoiwala, "Lust and Liberty," *Past & Present* 207:1(2010), 89~179, 여기서는 156.

2 Ibid., 179; 또한 Stevi Jackson and Sue Scott, "Sexual Antinomies in Late Modernity," *Sexualities* 7:2(2004), 233~248도 보라.

3 Adam Isaiah Green, "Introduction: Toward a Sociology of Collective Sexual Life," in idem(ed.), *Sexual Fields: Toward a Sociology of Collective Sexual Life*, Chicago 2014, 1~24, 여기서는 7.

4 Illouz, *The End of Love*.

5 Pierre Bourdieu, *The Rules of Art: Genesis and Structure of the Literary Field*, Stanford 1996.

6 Max Weber, "Religious Rejections of the World and Their Directions" [1915], in Hans Gerth and C. Wright Mills(eds.), *Max Weber: Essays in*

Sociology, New York 1958, 323~359, 여기서는 346.

7 Ibid., 347.

8 다음을 보라. Jeffrey Weeks, *Sexuality and Its Discontents*, London 1985, 12; Georg Simmel, "The Adventure," in Kurt H. Wolff(ed.), *Essays on Sociology, Philosophy and Aesthetics*, New York 1959, 243~258.

9 Rosalind Ann Sydie, "Sex and the Sociological Fathers," *Canadian Review of Sociology/Revue canadienne de sociologie* 31:2(1994), 117~138을 보라.

10 비록 매우 다른 방식으로 설명하기는 하지만, 다음의 책이 가장 주목할 만하다. Anthony Giddens, *The Transformation of Intimacy: Sexuality, Love and Eroticism in Modern Societies*, Stanford 1992; Michel Foucault, *The History of Sexuality*, vol. 1: *An Introduction*, London 1976. 또한 다음도 보라. John Levi Martin and Matt George, "Theories of Sexual Stratification: Toward an Analytics of the Sexual Field and a Theory of Sexual Capital," *Sociological Theory* 24:2(2006), 107~132. 여기서는 126쪽에서 인용했다.

11 Eva Illouz, *Why Love Hurts: A Sociological Explanation*, Cambridge 2012.

12 Werner Sombart, *Der Bourgeois: Zur Geistesgeschichte des modernen Wirtschaftslebens*(1913), as quoted in John Levi Martin, "Structuring the Sexual Revolution," *Theory and Society* 25:1(1996), 105~151, 여기서는 115. 좀바르트의 독일어 원전은 다음에서 이용할 수 있다. https://visuallibrary.net/ihd/content/pageview/307093?query=keusch.

13 Herbert Marcuse, *One-Dimensional Man: Studies in the Ideology of Advanced Industrial Society* [1964], New York 2013.

14 Andrew Sayer, "Moral Economy and Political Economy," *Studies in Political Economy* 61:1(2000), 79~103, 여기서는 79.

15 Ben Fine, "From Bourdieu to Becker: Economics Confronts the Social Sciences," in Philipp Arestis and Malcolm C. Sawyer(eds.), *The Rise of the Market: Critical Essays on the Political Economy of Neo-Liberalism*, Cheltenham 2004, 76~106, 여기서는 77. Thomas Piketty, *The Economics of Inequality*, Cambridge, MA 2015와 비교해 보라.

16 Geoffrey M. Hodgson, "Conceptualizing Capitalism: A Summary," *Competition & Change* 20:1(2016), 37~52; Laurent Thévenot, "You Said

'Capital'? Extending the Notion of Capital, Interrogating Inequalities and Dominant Powers," *Annales: Histoire, Sciences Sociales*, 70:1(2015), 65~76을 보라.

17 Thévenot, "You Said 'Capital'?"

18 Sayer, "Moral Economy and Political Economy," 94.

제3장 섹스 자본이란 무엇인가?

1 Valerie Traub, "Making Sexual Knowledge," *Early Modern Women* 5(2010), 251~259, 여기서는 253.

2 다음을 보라. Stevi Jackson and Sue Scott, *Theorizing Sexuality*, Maidenhead 2010, 139; Deborah L. Tolman, Christin P. Bowman, and Breanne Fahs, "Sexuality and Embodiment," in Deborah L. Tolman and Lisa M. Diamond(eds.), *APA Handbook of Sexuality and Psychology*, Washington, DC 2014, 759~804, 여기서는 760.

3 Janet Halley, *Split Decisions: How and Why to Take a Break from Feminism*, Princeton 2006. 이 정의는 게일 루빈(Gayle Rubin)의 잘 알려진 '섹스/젠더 체계(sex/gender system)'와 매우 유사하다. 루빈에 따르면, '섹스/젠더 체계'는 "인간의 성과 생식이라는 생물학적 원료가 인간의 사회적 개입에 의해 틀 지어지고 특정한 관례적인 방식으로 충족되게 하는 일단의 장치"이다(Gayle Rubin, "The Traffic in Women: Notes on the 'Political Economy' of Sex," in Rayna R. Reiter(ed.), *Toward an Anthropology of Women*, New York 1975, 159~210, 여기서는 166).

4 David M. Halperin, "What Is Sex For?" *Critical Inquiry* 43:1(2016), 1~31.

5 Halley, *Split Decisions*, 24. 또한 다음도 보라. Tamsin Wilton, "What Is Sex? Asking the Impossible Question," in Tamsin Wilton, *Sexual (Dis)Orientation*, London 2004, 54~75, 여기서는 56.

6 Rachel Wood, "Look Good, Feel Good: Sexiness and Sexual Pleasure in Neoliberalism," in Ana Sofia Elias, Rosalind Gill, and Christina Scharff (eds.), *Aesthetic Labour: Rethinking Beauty Politics in Neoliberalism*, London 2017, 317~332.

7 Emily H. Ruppel, "Turning Bourdieu Back upon Sexual Field Theory," *Sexualities* 16(2020), https://doi.org/10.1177%2F1363460720976958.

8 Lisa Duggan, "The New Homonormativity: The Sexual Politics of

Neoliberalism," in Russ Castronovo, Dana D. Nelson, and Donald E. Pease(eds.), *Materializing Democracy: Toward a Revitalized Cultural Politics*, Durham 2002, 175~194; Claire Hemmings, "Affective Solidarity: Feminist Reflexivity and Political Transformation," *Feminist Theory* 13:2(2012): 147~161, doi: 10.1177/1464700112442643; Jackson and Scott, "Sexual Antinomies in Late Modernity"; Eve Ng, "A 'Post-Gay' Era? Media Gaystreaming, Homonormativity, and the Politics of LGBT Integration," *Communication, Culture & Critique* 6:2(2013), 258~283; Rob Cover, *Emergent Identities: New Sexualities, Genders and Relationships in a Digital Era*, Routledge 2018; Héctor Carrillo and Amanda Hoffman, "'Straight with a Pinch of Bi': The Construction of Heterosexuality as an Elastic Category among Adult US Men," *Sexualities* 21.1:2(2018), 90~108.

9 다음을 참조하라. Gayle Rubin, *"Thinking Sex: Notes for a Radical* Theory of the Politics of Sexuality" [1984], in Carol S. Vance(ed.), *Pleasure and Danger: Exploring Female Sexuality*, Boston 1984, 267~319; Monique Mulholland, "When Porno Meets Hetero: SEXPO, Heteronormativity and the Pornification of the Mainstream," *Australian Feminist Studies* 26:67(2011), 119~135. 또한 다음도 보라. Feona Attwood and Clarissa Smith, "Leisure Sex: More Sex! Better Sex! Sex Is Fucking Brilliant! Sex, Sex, Sex, SEX," in Tony Blackshaw(ed.), *Routledge Handbook of Leisure Studies*, New York 2013, 325~336; Nancy L. Fischer, "Seeing 'Straight': Contemporary Critical Heterosexuality Studies and Sociology: An Introduction," *Sociological Quarterly* 54(2013), 501~510; Jackson and Scott, "Sexual Antinomies in Late Modernity"; Steven Seidman, "Critique of Compulsory Heterosexuality," *Sexuality Research and Social Policy* 6:1(2009), 18~28.

10 Karl Marx, *Capital*, vol. 1, Mineola 2019.

11 Rubin, "The Traffic in Women," 161.

12 Fine, "From Bourdieu to Becker," 79.

13 Hodgson, "Conceptualizing Capitalism," 43~44.

14 Ibid., 43.

15 Ibid., 44.

16 Thévenot, "You Said 'Capital'?" 66~69.

17 Pierre Bourdieu, "The Forms of Capital," in John G. Richardson(ed.),

Handbook of Theory and Research for the Sociology of Education, New York 1986, 241~258.

18 다음을 보라. *Eva Illouz, Saving the Modern Soul: Therapy, Emotions, and the Culture of Self-Help*, Berkeley 2008; Michèle Lamont, *Money, Morals, and Manners: The Culture of the French and the American Upper-Middle Class*, Chicago 1992.

19 Hodgson, "Conceptualizing Capitalism," 44; 또한 Fine, "From Bourdieu to Becker," 79도 보라.

20 Anthony M. Endres, and David A. Harper, "Capital in the History of Economic Thought: Charting the Ontological Underworld," *Cambridge Journal of Economics* 44:5(2020), 1069~1091.

21 Thévenot, "You Said 'Capital'?"; Mike Savage, Alan Warde, and Fiona Devine, "Capitals, Assets, and Resources: Some Critical Issues," *British Journal of Sociology* 56:1(2005), 31~47.

22 Thévenot, "You Said 'Capital'?" 70. 테브노가 말하는 조정 양식은 서로 다른 사회적 활동, 행위자, 대상을 배치하고 조합하고 규제하고 이익이 되게 만드는 등등을 하는 방법을 의미한다. 조정 양식은 사회적 행위를 구체적으로 조직화하는 원리와 논리, 그리고 그러한 사회적 행위가 일어나는 영역들로 구성된다. 사회에서 시장은 그러한 거대한 조정 양식 가운데 하나이다. 가족도 하나의 조정 양식이다. 그리고 네트워크는 세 번째의 보다 최신의 (사회적) 조정 양식일 수 있다. 다시 말해 조정 양식은 일반적인 사회질서의 일부로, 일을 처리하는 구체적인 방식 – 이를테면 특정한 투자 방식, 특정한 양도 및 교환 방식, 특정 분야별 관행을 평가하는 특정한 방식 – 이다. 이것이 바로 테브노가 볼 때 시장에 기반한 경제적 자본으로 환원할 수 없는 다양한 종류의 자본이 존재하는 주된 이유이다.

23 Scott Davies and Jessica Rizk, "The Three Generations of Cultural Capital Research: A Narrative Review," *Review of Educational Research* 88:3 (2018), 331~365; Gloria Kutscher, "Studying Diversity at Work from a Class Perspective: An Inductive and Supra-Categorical Approach," in Sine Nørholm Just, Annette Risberg, and Florence Villesèche(eds.), *The Routledge Companion to Organizational Diversity Research Methods*, New York 2020, 216~227.

24 Sam Friedman and Aaron Reeves, "From Aristocratic to Ordinary: Shifting Modes of Elite Distinction," *American Sociological Review* 85:2(2020), 323~350.

25 Beverley Skeggs, "The Forces that Shape Us: The Entangled Vine of Gender, Race and Class," *Sociological Review* 67:1(2019), 28~35.

26 Jon Beasley-Murray, "Value and Capital in Bourdieu and Marx," in Nicholas Brown and Imre Szeman(eds.), *Pierre Bourdieu: Fieldwork in Culture*, Lanham 2000, 100~119; Savage et al., "Capitals, Assets, and Resources."

27 다음을 보라. Rachel L. Cohen, "Types of Work and Labour," in Gregor Gall(ed.), *Handbook on the Politics of Labour, Work and Employment*, Cheltenham 2019, 261~280; Alan Sears, "Body Politics: The Social Reproduction of Sexualities," in Tithi Bhattacharya(ed.), *Social Reproduction Theory: Remapping Class, Recentering Oppression*, London 2017, 171~191.

제4장 섹스 자본의 형태: 네 가지 범주

1 Fraser, "Crisis of Care?"

2 Illouz, *The End of Love*.

3 앞을 보라. 이 점은 또한 다음에서도 강조되고 있다. Martin and George, "Theories of Sexual Stratification."

4 근대 세계 이전의 섹슈얼리티에 대한 면밀한 역사적 분석으로는 Dabhoiwala, "Lust and Liberty"와 Daniel Juan Gil, *Before Intimacy: Asocial Sexuality in Early Modern England*, Minneapolis 2006, 그리고 Satu Lidman et al.(eds.), *Framing Premodern Desires: Sexual Ideas, Attitudes, and Practices in Europe*, Amsterdam 2017에 실려 있는 글들을 보라.

5 Michel Feher, "Self-Appreciation; or, The Aspirations of Human Capital," *Public Culture* 21:1(2009), 21~41.

6 Joanna Brewis and Stephen Linstead, *Sex, Work and Sex Work: Eroticizing Organization*, London 2000, 197.

7 Dabhoiwala, "Lust and Liberty."

8 이 책의 67~72쪽을 보라.

9 Feher, "Self-Appreciation," 23f. 비비아나 젤라이저는 이를 '적대적 세계들'이라는 믿음이라고 불렀는데, 그것에 따르면 "친밀한 개인적 유대와 경제적 거래의 어떠한 혼합도 필연적으로 친밀성을 타락시키고, 친밀한 관계가 상

업적 활동에 침입하는 것 역시 상업적 활동을 타락시킨다"(Zelizer, p. 305).

10 Lauren Berlant and Michael Warner, "Sex in Public," *Critical Inquiry* 24:2 (1998), 547~566, 여기서는 553; Gail Hawkes, *Sociology of Sex and Sexuality*, Buckingham 1996; Hennessy, *Profit and Pleasure*, 95; Thomas Laqueur, "Sex and Desire in the Industrial Revolution," in Patrick K. O'Brien and Roland Quinault(eds.), *The Industrial Revolution and British Society*, Cambridge 1993, 100~123.

11 Rubin, "Thinking Sex," 281~282.

12 Sheila Jeffreys, *The Industrial Vagina: The Political Economy of the Global Sex Trade*, London 2009.

13 Bernard Mandeville, *The Fable of the Bees; Or, Private Vices, Public Benefits* [1714], Glasgow 2019.

14 Dabhoiwala, "Lust and Liberty," 112~115.

15 Feher, "Self-Appreciation," 24.

16 다음의 책에 실린 글들을 보라. Tithi Bhattacharya(ed.), *Social Reproduction Theory: Remapping Class, Recentering Oppression*, London 2017. 또한 다음도 보라. Rhonda Gottlieb, "The Political Economy of Sexuality," *Review of Radical Political Economics* 16:1(1984), 143~165; Kylie Jarrett, "The Relevance of 'Women's Work': Social Reproduction and Immaterial Labor in Digital Media," *Television & New Media* 15:1(2014), 14~29.

17 Silvia Federici, *Caliban and the Witch: Women, the Body and Accumulation*, New York 2004.

18 Antonio Gramsci, "Americanism and Fordism," in idem, *Selections from the Prison Notebooks*, edited and translated by Quintin Hoare and Geoffrey Nowell Smith, New York 1971, 558~622.

19 Claudia von Werlhof, "Notes on the Relation between Sexuality and Economy," *Review(Fernand Braudel Center)* 4:1(1980), 33~42, 여기서는 38. 또한 Dardot and Laval, *The New Way of the World*, 185~187; Sears, "Body Politics"도 보라.

20 Jeffreys, *The Industrial Vagina*.

21 Rubin, "The Traffic in Women," 199.

22 Hakim, *Erotic Capital*. 또한 Roy F. Baumeister, Tania Reynolds, Bo Winegard, and Kathleen D. Vohs, "Competing for Love: Applying Sexual Economics Theory to Mating Contests," *Journal of Economic Psychology*

63(2017), 230~241도 보라.

23 Green, "Introduction"; Adam Isaiah Green, "The Sexual Fields Framework," in Adam Isaiah Green(ed.), *Sexual Fields: Toward a Sociology of Collective Sexual Life*, Chicago 2014, 25~56; Valerie Hey, "The Contrasting Social Logics of Sociality and Survival: Cultures of Classed Be/Longing in Late Modernity," *Sociology* 39:5(2005), 855~872; Ruppel, "Turning Bourdieu Back upon Sexual Field Theory." 우리는 다음 몇 페이지에서 섹스장 접근방식에 대해 논의하고, 이 장의 뒷부분에서 그것에 대해 다시 다룰 것이다.

24 Green, "Introduction," 28.

25 섹스장 연구에서의 규모 문제에 대해서는 Ruppel, "Turning Bourdieu Back upon Sexual Field Theory"를 보라.

26 Tom Inglis, "Foucault, Bourdieu and the Field of Irish Sexuality," *Irish Journal of Sociology* 7:1(1997), 5~28.

27 Willard Waller, "The Rating and Dating Complex," *American Sociological Review* 2:5(1937), 727~734.

28 Green, "Introduction"; idem, "The Sexual Fields Framework"; Inglis, "Foucault, Bourdieu and the Field of Irish Sexuality."

29 Martin S. Weinberg and Colin J. Williams, "Sexual Field, Erotic Habitus, and Embodiment at a Transgender Bar," in Adam Isaiah Green(ed.), *Sexual Fields: Toward a Sociology of Collective Sexual Life*, Chicago 2014, 57~70.

30 Green, "The Sexual Fields Framework," 47.

31 Ashley Mears, *Very Important People: Status and Beauty in the Global Party Circuit*, Princeton 2020.

32 Plummer, "Sexual Markets, Commodification and Consumption."

33 Rachel O'Neill, *Seduction: Men, Masculinity and Mediated Intimacy*, Cambridge 2018.

34 Baumeister et al., "Competing for Love," 231.

35 Dana Kaplan, *Recreational Sexuality, Food, New Age Spirituality: A Cultural Sociology of Middle-Class Distinctions*, PhD Dissertation, Hebrew University of Jerusalem, 2015; Dana Kaplan, "Sexual Liberation and the Creative Class in Israel."

36 Baumeister et al., "Competing for Love"를 보라.

37 Feher, "Self-Appreciation."

38 Kaplan, *Recreational Sexuality, Food, New Age Spirituality*; Kaplan, "Sexual Liberation and the Creative Class in Israel."

39 Ibid.

40 Feher, "Self-Appreciation"; Hey, "The Contrasting Social Logics of Sociality and Survival"; Kaplan, *Recreational Sexuality, Food, New Age Spirituality*.

41 Faramerz Dabhoiwala, *The Origins of Sex: A History of the First Sexual Revolution*, Oxford 2012, 181.

42 Ibid., 232.

43 하지만 다음을 보라. Peter Gay, *The Bourgeois Experience: Victoria to Freud*, New York 1984, 133.

44 Hera Cook, *The Long Sexual Revolution: English Women, Sex, and Contraception, 1800~1975*, Oxford 2004.

45 Ibid., 65.

46 Sigmund Freud, "'Civilized' Sexual Morality and Modern Nervous Illness" [1908], in idem, *Sexuality and the Psychology of Love: With an Introduction by Philip Rieff*, New York 1963, 20~40; Martin, "Structuring the Sexual Revolution," 127.

47 Cook, *The Long Sexual Revolution*.

48 Freud, "'Civilized' Sexual Morality and Modern Nervous Illness."

49 Martin, "Structuring the Sexual Revolution," 115.

50 Gramsci, "Americanism and Fordism."

51 Lisa R. Pruitt, "Her Own Good Name: Two Centuries of Talk about Chastity," *Maryland Law Review* 63(2004), 401~539, 여기서는 423.

52 Cohen, "Types of Work and Labour."

53 *The Report of the Commission on Obscenity and Pornography*, September 1970, 18~19, https://babel.hathitrust.org/cgi/pt?id=mdp.39015036875279&view=1up&seq=37.

54 Joseph W. Slade, "Pornography in the Late Nineties," *Wide Angle* 19:3(1997), 1~12.

55 Ross Benes, "Porn Could Have a Bigger Economic Influence on the US than Netflix," June 20, 2018, https://finance.yahoo.com/news/porn-

could-bigger-economic-influence-121524565.html을 보라.

56 https://www.pornhub.com/insights/2019-year-in-review를 방문해 보라.

57 Harvey, "The Body as an Accumulation Strategy," 406.

58 Jeffreys, *The Industrial Vagina*; Linda McDowell, *Working Bodies: Interactive Service Employment and Workplace Identities*, Oxford 2009. 하나의 좋은 역사적 사례가 푸에르토리코에서 젠더화·계급화·인종화된 식민지적 논리에 따라 "매춘 공간과 재생산 공간"을 구분한 것이다. Preciado, *Testo Junkie*, 182~185를 보라.

59 Plummer, "Sexual Markets, Commodification and Consumption."

60 Barbara G. Brents and Kathryn Hausbeck, "Marketing Sex: US Legal Brothels and Late Capitalist Consumption," *Sexualities* 10:4(2007), 425~439.

61 Dana Kaplan, "Recreational Sex Not-at-Home: The Atmospheres of Sex Work in Tel Aviv," in Brent Pilkey et al.(eds.), *Sexuality and Gender at Home: Experience, Politics, Transgression*, London and New York 2017, 216~231.

62 Brents and Hausbeck, "Marketing Sex," 433.

63 Ibid., 434.

64 Paul Ryan, *Male Sex Work in the Digital Age: Curated Lives*, New York 2019, 130.

65 Teela Sanders, "'It's Just Acting': Sex Workers' Strategies for Capitalizing on Sexuality," *Gender, Work, and Organization* 12:4(2005): 319~342, 여기서는 322. 또한 Zelizer, pp. 308~310도 보라.

66 Brewis and Linstead, *Sex, Work and Sex Work*, 197, 233.

67 Bernstein, "Sex Work for the Middle Classes."

68 Thévenot, "You Said 'Capital'?"을 보라.

69 Feher, "Self-Appreciation," 30.

70 Kavita Ilona Nayar, "Sweetening the Deal: Dating for Compensation in the Digital Age," *Journal of Gender Studies* 26:3(2017), 335~346; Franklin G. Mixon, "Sugar Daddy U: Human Capital Investment and the University-Based Supply of 'Romantic Arrangements,'" *Applied Economics* 51:9(2019), 956~971. Zelizer, pp. 310~311.

71 Cohen, "Types of Work and Labour."

72 Akiko Takeyama, *Staged Seduction: Selling Dreams in a Tokyo Host Club*, Stanford 2016, xv.

73 이것이 패션 업계에 성폭력이 없다는 것, 그리고 '진짜' 패션모델이 성적 학대를 당하지 않는다는 것을 의미하지는 않는다. 최근 몇 년 동안 이 문제가 표면화되어 왔다. S. Hennekam and D. Bennett, "Sexual Harassment in the Creative Industries: Tolerance, Culture and the Need for Change," *Gender, Work & Organization* 24:4(2017), 417~434를 보라.

74 Mears, *Very Important People*, 110.

75 Ibid., 112.

76 Ibid., 126.

77 Ibid.

78 "The Sex Export," *Independent*, Sunday, August 21, 2001.

79 Michel Houellebecq, *Interventions*, Paris 1998, n.p. 우엘베크의 레퍼토리 중에서 성 경쟁의 기능에 대해 유사한 분석을 하고 있는 것으로는 다음을 보라. Niall Sreenan, "Universal, Acid: Houellebecq's Clones and the Evolution of Humanity," *Modern & Contemporary France* 27:1(2019), 77~93; Carole Sweeney, *Michel Houellebecq and the Literature of Despair*, London 2013; James Dutton, "Houellebecq, Pornographer? Monstration and the Remains of Sex," *Critique: Studies in Contemporary Fiction*(2020), 1~13. doi:10.1080/00111619.2020.1858748.

80 Waller, "The Rating and Dating Complex."

81 Martin and George, "Theories of Sexual Stratification," 108; Adam Isaiah Green, "Erotic Habitus: Toward a Sociology of Desire," *Theoretical Sociology* 37(2008), 597~626; Adam Isaiah Green, "The Sexual Fields Framework."

82 Ruppel, "Turning Bourdieu Back upon Sexual Field Theory."

83 Inglis, "Foucault, Bourdieu and the Field of Irish Sexuality."

84 James Farrer, "A Foreign Adventurer's Paradise? Interracial Sexuality and Alien Sexual Capital in Reform Era Shanghai," *Sexualities* 13:1(2010), 69~95, 여기서는 75.

85 Sirin Kale, "50 Years of Pickup Artists: Why Is the Toxic Skill Still so in Demand," *Guardian*, November 5, 2019, https://www.theguardian.com/lifeandstyle/2019/nov/05/pickup-artists-teaching-men-approach-women-industry-street-harassment를 보라.

86 Zing Tsjeng, "Men Are Still Spending Obscene Amounts of Money to Become Pick-Up Artists," June 15, 2018, https://www.vice.com/en/ article/gyk37y/pickup-artist-study-rachel-oneill-seduc tion-book; Neil Strauss, *The Game: Penetrating the Secret Society of Pickup Artists*, New York 2005.

87 Green, "Introduction," 39.

88 Lisa Wade, "Doing Casual Sex: A Sexual Fields Approach to the Emotional Force of Hookup Culture," *Social Problems* 68:1(2021), 185~201, 여기서는 187.

89 Ibid.

90 Ruppel, "Turning Bourdieu Back upon Sexual Field Theory."

91 Emma Phillips, "'It's Classy Because You Can't See Things': Data from a Project Co-Creating Sexy Images of Young Women," *Feminist Media Studies* 2020, 1~16, 여기서는 8, https://doi.org/10.1080/14680777.2020.1838597.

92 Ibid., 9. '부르주아적 시선'에 대해서는 다음을 보라. Beverley Skeggs, "Imagining Personhood Differently: Person Value and Autonomist Working-Class Value Practices," *Sociological Review* 59:3(2011), 496~513, 여기서는 496.

93 Illouz, *Saving the Modern Soul*; Illouz, *The End of Love*; William Mazzarella, "Citizens Have Sex, Consumers Make Love: Marketing KamaSutra Condoms in Bombay," in Brian Moeran(ed.), *Asian Media Productions*, Richmond 2001, 168~196.

94 Lindy McDougall, *The Perfect Vagina: Cosmetic Surgery in the Twenty-First Century*, Bloomsbury 2021.

95 Ruth Lewis, Cicely Marston, and Kaye Wellings, "Bases, Stages and 'Working Your Way Up': Young People's Talk about Non-Coital Practices and 'Normal' Sexual Trajectories," *Sociological Research Online* 18:1(2013), para 5.2.

96 Rosalind Gill, "Mediated Intimacy and Postfeminism: A Discourse Analytic Examination of Sex and Relationships Advice in a Women's Magazine," *Discourse and Communication* 3:4(2009), 345~369; Elizabeth Goren, "America's Love Affair with Technology: The Transformation of Sexuality and the Self over the 20th Century," *Psychoanalytic Psychology*

20:3(2003), 487~508.

97 Elizabeth A. Armstrong, Paula England, and Alison C. K. Fogarty, "Accounting for Women's Orgasm and Sexual Enjoyment in College Hookups and Relationships," *American Sociological Review* 77:3(2012), 435~462를 보라.

98 Gill, "Mediated Intimacy and Postfeminism."

99 Hawkes, *Sociology of Sex and Sexuality*, 95.

100 Illouz, *Saving the Modern Soul*.

101 Jennifer Scanlon, "Sexy from the Start: Anticipatory Elements of Second Wave Feminism," *Women's Studies* 38:2(2009), 127~150.

102 Gill, "Mediated Intimacy and Postfeminism"; Rosalind Gill and Christina Scharff(eds.), *New Femininities: Postfeminism, Neoliberalism, and Subjectivity*, London 2011; Melissa Tyler, "Managing between the Sheets: Lifestyle Magazines and the Management of Sexuality in Everyday Life," *Sexualities* 7:1(2004), 81~106.

103 Margot Weiss, *Techniques of Pleasure: BDSM and the Circuits of Sexuality*, Durham 2011, 76.

104 Adam Arvidsson, "Netporn: The Work of Fantasy in the Information Society," in K. Jacobs, M. Janssen, and M. Pasquinelli(eds.), *C'LICK ME: A Netporn Studies Reader*, Amsterdam 2007, 69~76: 70; Hennessy, *Profit and Pleasure*, 94~110.

105 Preciado, *Testo Junkie*, 33.

106 *Gail Dines, "'I Buy It for the Articles': Playboy* Magazine and the Sexualization of Consumerism," in Gail Dines and Jean M. Humes(eds.), *Gender, Race, and Class in Media: A Critical Reader*, Thousand Oaks 1995, 254~262; Preciado, *Testo Junkie*; Kaplan, *Recreational Sexuality, Food, New Age Spirituality*.

107 "Sex Toys Market Size, Share & Trends Analysis Report," https://www.grandviewresearch.com/industry-analysis/sex-toys-market을 보라.

108 우리가 앞 절에서 제시한 사례에 따르면, BDSM 실행자들은 특수한 기구, 훈련 워크숍 등과 같은 성 상품을 소비할 수 있다.

109 Rosemary Crompton, "Class and Employment," *Work, Employment and Society* 24:1(2010), 9~26, 여기서는 21.

110 Maria San Filippo, *Provocauteurs and Provocations: Screening Sex in 21st*

Century Media, Bloomington 2021, 171~172; Christopher Lloyd, "Sexual Perversity in New York?" in M. Nash and I. Whelehan(eds), *Reading Lena Dunham's Girls*, Cham 2017, 197~207, https://doi.org/10.1007/978-3-319-52971-4_14; Rosalind Gill, "Afterword: Girls: Notes on Authenticity, Ambivalence and Imperfection," in M. Nash and I. Whelehan(eds), *Reading Lena Dunham's Girls*, Cham 2017, 225~242.

111 Jane Artess, Tristram Hooley, and Robin MellorsBourne, "Employability: A Review of the Literature 2012 to 2016—A Report for the Higher Education Academy," ERIC 2017, https://eric.ed.gov/?id=ED 574372; Ilana Gershon, *Down and Out in the New Economy: How People Find(or Don't Find) Work Today*, Chicago 2017.

112 Peter Bloom, "Fight for Your Alienation: The Fantasy of Employability and the Ironic Struggle for Self-Exploitation," *Ephemera: Theory & Politics in Organizations* 13:4(2013), 785~807, 여기서는 796.

113 Ashley Mears, *Pricing Beauty: The Making of a Fashion Model*, Berkeley 2011; Ashley Mears, *Very Important People*.

114 Scott Freng and David Webber, "Turning Up the Heat on Online Teaching Evaluations: Does 'Hotness' Matter?" *Teaching of Psychology* 36:3(2009), 189~193; Catherine Hakim, "Erotic Capital," *European Sociological Review* 26:5(2010), 499~518; Catherine Hakim, "Erotic Capital, Sexual Pleasure, and Sexual Markets," in Osmo Kontula(ed.), *Pleasure and Health: Nordic Association for Clinical Sexology*(Conference Proceedings), Helsinki 2012, 27~44, http://nacs.eu/data/nacs_final_sec_edit_web.pdf; Chris Warhurst and Dennis Nickson, "'Who's Got the Look?' Emotional, Aesthetic and Sexualized Labour in Interactive Services," *Gender, Work and Organization* 16:3(2009), 385~404.

115 Kaplan, *Recreational Sexuality, Food, New Age Spirituality*; Kaplan, "Sexual Liberation and the Creative Class in Israel."

116 Keith Leavitt, Christopher Barnes, Trevor Watkins, and David Wagner, "From the Bedroom to the Office: Workplace Spillover Effects of Sexual Activity at Home," *Journal of Management* 45:3(2019), 1173~1192, 여기서는 1185.

117 Ibid., 1186.

118 Illouz, *The End of Love*.

119 ≪뉴욕타임스(New York Times)≫의 한 기사는 코로나19 팬데믹으로 인해 발생한 2020년 경제 위기 동안 일자리를 잃은 여성들이 온리팬스(OnlyFans)로 눈을 돌렸다고 보도했다. 인터뷰 응답자 중 한 명은 "플랫폼에서의 자신의 존재가 앞으로 자신이 전통적인 직업에 고용되는 것을 더 어렵게 만들 것이라고 걱정한다. 그녀는 이렇게 말했다. '만약 당신이 정규직 일자리를 찾는다면, 그들이 당신이 온리팬스의 일원이라는 것을 알게 될 경우 그들은 당신을 고용하지 않을지도 모릅니다. 당신이 성 노동자라는 것을 알면 그들은 당신을 원하지 않을 수도 있습니다.'"(https://www.nytimes.com/2021/01/13/business/onlyfans-pandemic -users.html).

120 Kaplan, *Recreational Sexuality, Food, New Age Spirituality*; Kaplan, "Sexual Liberation and the Creative Class in Israel."

121 Dardot and Laval, *The New Way of the World*, 312.

122 Zucker and Bay-Cheng, "Me First."

123 https://www.haaretz.co.il/digital/podcast/PODCAST-1.9388997을 보라.

124 Crompton, "Class and Employment," 21.

125 Sheila Lintott and Sherri Irvin, "Sex Object and Sexy Subjects: A Feminist Reclamation of Sexiness," in Sherri Irvin(ed.), *Body Aesthetics*, Oxford 2016, 299~318, 여기서는 310.

126 Chang, *Brotopia*; Alfred C. Kinsey, Wardell B. Pomeroy, and Clyde E. Martin, *Sexual Behavior in the Human Male*, Philadelphia 1948; Elisabeth Sheff and Corie Hammers, "The Privilege of Perversities: Race, Class and Education among Polyamorists and Kinksters," *Psychology and Sexuality* 2:3(2011), 198~223.

127 Beverley Skeggs, "The Making of Class and Gender through Visualizing Moral Subject Formation," *Sociology* 39:5(2005), 965~982, 여기서는 971.

128 또한 Hey, "The Contrasting Social Logics of Sociality and Survival"도 보라.

129 Jacques Bidet, *Foucault with Marx*, London 2016, 138.

130 Lisa Adkins and Celia Lury, "The Labour of Identity: Performing Identities, Performing Economies," *Economy and Society* 28:4(1999), 598~614; Lisa Adkins, "Sexuality and Economy: Historicisation vs. Deconstruction," *Australian Feminist Studies* 17:37(2002), 31~41; Hennessy, *Profit and Pleasure*; Hemmings, "Affective Solidarity."

131 Gary W. Dowsett, "The Price of Pulchritude, the Cost of Concupiscence:

How to Have Sex in Late Modernity," *Culture, Health and Sexuality* 17:S1(2014), 5~19, 여기서는 12.

132 다음을 보라. Catherine J. Abe and Louise Oldridge, "Non-Binary Gender Identities in Legislation, Employment Practices and HRM Research," in Stefanos Nachmias and Valery Caven(eds.), *Inequality and Organizational Practice*, Cham, 2019, 89~114; Robin C. Ladwig, "Proposing the Safe and Brave Space for Organisational Environment: Including Trans* and Gender-Diverse Employees in Institutional Gender Diversification," *Gender in Management: An International Journal*(2021), doi:10.1108/GM-06-2020-0199; Danielle C. Lefebvre and José F. Domene, "Workplace Experiences of Transgender Individuals: A Scoping Review," *Asia Pacific Career Development Journal* 3:1(2020), 2~30; M. I. Suárez, G. Marquez-Velarde, C. Glass, and G. H. Miller, "Cis-Normativity at Work: Exploring Discrimination against US Trans Workers," *Gender in Management: An International Journal*(2020), https://doi.org/10.1108/GM-06-2020-0201; Sean Waite, John Ecker, and Lori E. Ross, "A Systematic Review and Thematic Synthesis of Canada's LGBTQ2S+ Employment, Labour Market and Earnings Literature," *PloS One* 14:10(2019), e0223372.

133 Hennessy, *Profit and Pleasure*; Bidet, *Foucault with Marx*.

134 Adkins, "Sexuality and Economy."

135 Wade, "Doing Casual Sex"을 보라.

136 Laura Hamilton and Elizabeth A. Armstrong, "Gendered Sexuality in Young Adulthood: Double Binds and Flawed Options," *Gender and Society* 23:5(2009), 589~616.

137 Kaplan, *Recreational Sexuality, Food, New Age Spirituality*; Markella B. Rutherford, "The Social Value of Self-Esteem," *Society* 48:5(2011), 407~412.

138 우리의 이론은 각 장별 자본에 대한 부르디외의 이론에 빚지고 있지만, 동시에 부르디외의 이론에서 이탈한다. 부르디외가 볼 때, 각 장을 특징짓는 자본은 그들 장에서 강한 플레이어가 될 수 있는 역량이 소수에 의해 독점될 때 획득하기 어렵다. 그러한 축적된 자본은 궁극적으로 일반적인 사회적 이득을 산출하기도 한다. 하지만 우리는 섹스 자본에 대한 부르디외식의 접근 방법을 채택하는 것은 지배, 정당화, 체계 불평등의 자연화 과정을 설명하는 데 더 적합하다고 믿는다. 부르디외에서는 경제 자본이 핵심이지만, 부르디

외의 연구는 또한 비경제 자본이 사회계급 간의 상징적 경계를 어떻게 설정하는지, 그리고 그렇게 하여 지배계급의 상징적·실제적 권력을 어떻게 재생산하는지를 자세히 설명한다. 다시 말해 부르디외의 이론은 계급지배 이론이다. 부르디외의 보다 광범위한 프로젝트는 비경제적 이득(자본)이 계급구조를 재생산하는 메커니즘을 세심하게 설명하는 것이었다. 이 접근방법은 문화 전반과 경제(즉, 재생산 영역과 생산 영역)가 분리되어 있다는 가정을 전제로 하고 있다(Kaplan, *Recreational Sexuality, Food, New Age Spirituality*를 보라). 그러나 우리가 이 책에서 내내 언급한 바와 같이, 후기 근대 세계에서는 이 전제를 비판적인 관점에서조차 유지하기 어렵다. 이것은 또한 섹스 자본의 의미도 바꾸어놓는다.

139 또한 다음도 보라. Floya Anthias, "Hierarchies of Social Location, Class and Intersectionality: Towards a *Translocational Frame*," *International Sociology* 28:1(2013), 121~138, 여기서는 122.

140 Hakim, *Erotic Capital*, 22.

제5장 결론

1 Illouz, *Saving the Modern Soul*.

2 Goren, "America's Love Affair with Technology," 497.

3 Sayer, "Moral Economy and Political Economy."

4 Adkins, "Sexuality and Economy," 38.

5 다음을 보라. Baumeister et al., "Competing for Love"; Edward O. Laumann, John Gagnon, Robert Michael, and Stuart Michaels, *The Social Organization of Sexuality: Sexual Practices in the United States*, Chicago 1994, 8~15.

6 Baumeister at al., "Competing for Love"; Gary Becker, *Accounting for Tastes*, Cambridge, MA 1996, 4~5, 7; Hakim, *Erotic Capital*; Outi Sarpila, "Attitudes towards Performing and Developing Erotic Capital in Consumer Culture," *European Sociological Review* 30:3(2013), 302~314.

7 Kaplan, *Recreational Sexuality, Food, New Age Spirituality*.

8 Angela McRobbie, *Be Creative: Making a Living in the New Culture Industries*, Cambridge, MA 2016, 61.

찾아보기

주제어

ㄱ
가부장제 16, 68
감정 자본 45
계급 27~28, 106
고용 가능성 98
급진적 정치경제학 39~40

ㄴ
나쁜 섹스 57~59, 74

ㄷ
도덕 자본 45

ㅁ
매력적임 87
매춘 74, 77
문화 자본 48
문화의 성애화 24, 97

ㅅ
성
 성 산업 24, 73
 성의 상품화 23
 성의 화폐화 52
 성적 시민권 17, 19
 성적 역량 93
 성적 자유 33~34
 성적인 것 42
성 노동 55, 76~77
 성애화된 노동 78~81
성적 자아 114
 성적 자아 브랜딩 111
성 정치의 라이프스타일화 122
섹슈얼리티 10, 16, 24, 32
 근대의 섹슈얼리티 34
 섹슈얼리티의 도덕 경제 54
섹스 26~27, 29, 34, 36, 38, 41, 71, 84, 89, 102, 104, 117
 섹스 위계 도식 58
 섹스의 사회성 88
 섹스의 스킬화 94
 섹스의 자율화 36~37
 캐주얼 섹스 74, 87
섹스 자본 9~11, 13, 15~17, 22, 25, 27, 39, 49, 78, 86, 97, 116
 기본값 섹스 자본 52, 68
 섹스 자본의 고도 집중 96
 신자유주의적 섹스 자본 14, 18, 22, 40, 53, 64~67, 102, 115, 117~118
 육체의 잉여가치로서의 섹스 자본 52, 61, 82
 육체화된 섹스 자본 53, 83, 89, 92, 97
섹스/젠더 체계 127
섹스장 64, 85
 섹스장 접근방식 62, 85, 87~89, 110
섹시함 90, 101, 105
셀카 문화 89
순결 13, 52, 68, 72
시각적 자본주의 53
신자유주의 27
 신자유주의적 수행-쾌락 장치 103

ㅇ
에로스 자본 14~15, 64

에로티시즘 36
에로틱 영역 35
연출된 유혹 79
은유 10
이성애 43
인적 자본 115

ㅈ
자본 34, 44~46
자아 상품화 110
젠더 이데올로기 68
조정 양식 48, 129
좋은 섹스 57~60, 74
중간계급 107
 중간계급의 아비투스 106

ㅋ
클린-슬릿 이상 92

ㅌ
탈성애화 68
특이성 26

ㅍ
페미니즘 105
포르노그래피 73

ㅎ
호모내셔널리즘 20
화폐화된 섹스 74
훅업 문화 87, 112

인명

그람시, 안토니오(Antonio Gramsci) 61
그린, 애덤 아이제이아(Adam Isaiah Green) 33, 63
다르도, 피에르(Pierre Dardot) 102
다보왈라, 파라메즈(Faramerz Dabhoywala) 67
다우셋, 개리 W.(Gary W. Dowsett) 108~111
다케야마, 아키코(Akiko Takeyama) 79
던햄, 레나(Lena Dunham) 98
듀건, 리사(Lisa Duggan) 122
라몽, 미셸(Michéle Lamont) 28, 45
라발, 크리스티앙(Christian Laval) 102
레크비츠, 안드레아스(Andreas Reckwitz) 26
루빈, 게일(Gayle Rubin) 58, 127
린스테드, 스티븐(Stephen Linstead) 55
마르쿠제, 헤르베르트(Herbert Marcuse) 39
마르크스, 카를(Karl Marx) 43~44
매클랜드, 사라(Sara McClelland) 29
매키넌, 캐서린(Catharine MacKinnon) 16
맥두걸, 린디(Lindey McDougall) 92
맨더빌, 버나드(Bernard Mandeville) 59~60
미어스, 애슐리(Ashley Mears) 63, 80~81
바우마이스터, 로이 F.(Roy F. Baumeister) 64
발로치, 스티븐(Stephen Valocchi) 122
번스타인, 엘리자베스(Elizabeth Bernstein) 77
베버, 막스(Max Weber) 35~38, 54, 57
부르디외, 피에르(Pierre Bourdieu) 34, 44, 48~49, 89, 112, 140~141
브라운, 웬디(Wendy Brown) 22~23
브라운, 캘럼(Callum Brown) 119
브렌츠, 바바라 G.(Barbara G. Brents) 75

브루이스, 조애나(Joanna Brewis) 55
샌더스, 틸라(Teela Sanders) 76
세이어, 앤드루(Andrew Sayer) 39~40
슐로저, 에릭(Eric Schlosser) 73
스미스, 애덤(Adam Smith) 44
스케그스, 베벌리(Beverley Skeggs) 106
스트라우스, 닐(Neil Strauss) 86
암스트롱, 엘리자베스(Elizabeth Armstrong) 112
엔드리스, 앤서니(Anthony Endres) 46
와이스, 마고(Margot Weiss) 94
와인버그, 마틴(Martin Weinberg) 63
우엘베크, 미셸(Michel Houellebecq) 83
웨이드, 리사(Lisa Wade) 87
윌리엄스, 콜린(Colin Williams) 63
일루즈, 에바(Eva Illouz) 33, 37, 45, 53, 100
잉글리스, 톰(Tom Inglis) 62, 85
젤라이저, 비비아나(Viviana Zelizer) 125, 130
좀바르트, 베르너(Werner Sombart) 38, 71
짐멜, 게오르크(Georg Simmel) 36
카예, 알랭(Alain Caillé) 119
카플란, 다나(Dana Kaplan) 78, 100
쿡, 헤라(Hera Cook) 69
테브노, 로랑(Laurent Thévenot) 47, 129
트라우브, 발레리(Valerie Traub) 41~42
파스, 브리앤(Breanne Fahs) 29
판덴베르허, 프레데리크(Frédéric Vandenberghe) 119
패러, 제임스(James Farrer) 86
포드, 헨리(Henry Ford) 71
푸아, 자스비르(Jasbir Puar) 20, 122~123
푸코, 미셸(Michel Foucault) 33~34, 95
프레시아도, 폴(Paul Preciado) 96
프레이저, 낸시(Nancy Fraser) 21, 51
프로이트, 지그문트(Sigmund Freud) 61, 70~71
프루이트, 리사(Lisa Pruitt) 72
플러머, 켄(Ken Plummer) 24
피케티, 토마(Thomas Piketty) 40
필립스, 엠마(Emma Phillips) 90
하우스벡, 캐스린(Kathryn Hausbeck) 75
하킴, 캐서린(Catherine Hakim) 14~15, 62, 113, 16, 64
하퍼, 데이비드(David Harper) 46
해밀턴, 로라(Laura Hamilton) 112
헤네시, 로즈메리(Rosemary Hennessy) 19, 111, 121~122
헤르조그, 대그마(Dagmar Herzog) 119, 123
헤밍스, 클레어(Clare Hemmings) 20
호지슨, 제프리(Geoffrey Hodgson) 44~45

책 제목

『게임(The Game)』 86
『기독교적 영국의 사망(The Death of Christian Britain)』 119
『무엇이든(투쟁 영역의 확장)(Whatever(Extension du domaine de la lutte))』 83
『사랑은 왜 상처받는가(Why Love Hurts)』 37
『사랑의 종말(The End of Love)』 100
『자본론(Das Kapital)』 43

책을 옮기고 나서

개념을 명료히 해야 하고 명확히 사용해야 한다는 것은 학문 세계에서는 아무리 강조해도 지나치지 않다. 그러나 현실적으로 이는 만만치 않은 일이다. 하나의 개념에 대해 처음부터 엄격한 제한적 맥락에서 구체적인 함의를 명확히 제시하며 개념화하는 것은 거의 불가능하다. 만약 그러한 작업을 성공적으로 수행한다고 하더라도 그 개념은 개념적 명료성에도 불구하고 제한된 적용 가능성으로 인해 널리 활용되기 어려워 주변적 가치만 지니다가 사장되기 쉽다. 반면 개념이 다의적이고 모호하여 은유적 성격을 지닐수록 그 개념은 높은 사용가치를 지니지만 수사적으로 사용되어 학술적 용법을 잃고 단지 글을 치장하는 하나의 장식 수단으로 전락하기도 한다. 따라서 개념은 명료성과 적용 가능성 사이를 진자처럼 오가는 과정에서 정치하게 발전한다.

이 책에서 카플란과 일루즈는 현재 대중화의 길을 걷고 있는 '섹스 자본'이라는 개념을 다시 명료화하기 위한 작업을 수행한다. 일루즈는 섹스 자본이라는 개념을 자신의 책 『사랑은 왜 상처받는가』에서 처음으로 사용한다. 그녀는 그 책에서 섹스 자본을 '섹스장'에서 순환하는 새로운 형태의 자본으로 지칭하고, 이를 "다른 사람에게서 에로틱한 반응을 끌어내는, 개인이 소유하고 있는 특정한 특성의 질과 양"을 의미하는 에로스 자본과 바꾸어 쓸 수 있는 개념으로 포괄적으로 규정한다. 하지만 이 책에서 카플란과 일루즈는 이 섹스 자본 개념을 명료화하는 동시에 확장하는 작업을 진행한다. 이러한 작업을 진행하는 데서는 두 가지 방법이 활용될 수 있다. 하나는 그간 진전된 개념들이 지닌 다양한 의미를 유형화하는 것이고, 다른 하나는 자신이 제시하는 개념을 유사한 개념 및 접근방식과 대비시키는 것이다. 카플란과 일루즈는 이 책에서 이 두 가지 방법 모두를 동원한다.

먼저 카플란과 일루즈는 섹스 자본을 네 가지 범주로 구분한다. 첫째는 순결과 가정적임이라는 기본값 섹스 자본이고, 둘째는 성의 상품화에서 발견되는 육체의 잉여가치로서의 섹스 자본이고, 셋째가 매력적임과 섹시함으로 상징되는 육체화된 섹스 자본이며, 넷째는 자긍심과 고용 가능성을 높여주는 것으로서의 신자유주의적 섹스 자본이다. 이 네 가지 범주 중 마지막의 신자유주의적 섹스 자본이 저자들이 이 책에서 새로 제시하는 섹스 자본의 범주이다.

카플란과 일루즈는 신자유주의적인 섹스 자본을 "성적 만남에서 자긍심을 느끼고 그러한 자아 가치를 고용 가능성을 높이는 데 이용하는 능력"을 가리킨다고 말한다. 그들에 따르면, 이러한 능력이 하나의 자본의 가치를 지니는 것은 신자유주의적 에토스가 자율성, 호의적 평가, 자기표현 능력 등을 바람직한 것으로 여기기 때문이다. 따라서 그들은 신자유주의적 섹스 자본을 새로운 경제에서 물질적 불평등을 지속시키는 하나의 경로로 파악한다. 이러한 의미에서 그들은 자신들이 제시하는 신자유주의적 섹스 자본 이론은 섹스에 관한 하나의 '급진적인 정치경제학'이라고 주장한다. 왜냐하면 그들은 섹스 자본을 통해 섹슈얼리티와 불평등이 서로 연결되는 방식을 밝히고자 하기 때문이다.

카플란과 일루즈가 제시하는 섹스 자본 접근방식의 급진적인 정치경제학적 성격은 섹스 자본을 여타 학자들 및 접근방식들과 비교하는 데서 더 분명하게 드러난다. 하킴이 에로스 자본을 여성적 자원으로 바라보고 그것을 젠더와 연결시킨다면, 카플란과 일루즈는 섹스 자본을 계급 측면에서 고찰하고, 이를

"훌륭하고 호기심 많고 모험적이고 위험을 감수하는 사람"임을 과시할 수 있게 해주는 중간계급 아비투스와 연계시킨다. 따라서 그들은 신자유주의적 섹스 자본이 명백히 계급구조의 일부라고 주장한다.

또한 카플란과 일루즈는 섹스장 형성에 대한 논의 및 섹스 자본의 이론화에서 자신들이 부르디외의 이론에 크게 의존한다는 점을 분명하게 밝힌다. 하지만 그들은 자신들의 섹스 자본 개념이 친밀한 영역을 넘어 경제 영역(특히 노동시장)에서도 작동한다는 점에서 부르디외의 자본 개념과 유사하지만, 자신들의 개념은 경제적인 동시에 비경제적이어서 경제 자본으로 전적으로 환원되지 않는다는 점에서 부르디외와 다르다고 주장한다.

더 나아가 카플란과 일루즈는 자신들이 제시하는 신자유주의적 섹스 자본이 인적 자본의 한 변형태라고 바라보면서도 자신들은 그 인적 자본의 형성을 개인적 수준이 아닌 계급 수준에서 고찰한다는 점에서 인적 자원 학파의 논의와 다르다고 주장한다. 또한 그들은 신자유주의적 섹스 자본을 개인적으로 축적되는 것으로 바라보지만 자신의 이득을 극대화하려는 개인주의적 시도의 산물이 아니라는 점에서 합리적인 공리주의적 접근방식과도 다르다고 주장한다. 그들이 볼 때, 신자유주의적 섹스 자본은 특히 중간계급 주체들이 창조적인 직업에 고용되기 위해서는 자신들의 생활세계와 정체성을 이용해야 하는 우리의 신자유주의적 사회 현실을 보여주는 사례의 하나일 뿐이다.

카플란과 일루즈가 이 책에서 역사적 증거와 이론적 논리에 의거하여 자신들의 섹스 자본 개념을 명료화해 나가는 과정은 매우 탁월하다. 이는 앞으로 학술적 개념화 작업에 착수하려는 사람들에게 귀중한 전거가 되고, 또한 앞으로의 연구에 많은 영감을 줄 것으로 기대된다. 하지만 카플란과 일루즈가 제시한 이 정치한 섹스 자본 개념 또한 앞으로 여러 비판과 오용의 과정을 거치며 또다시 대중화와 정교화 작업의 대상이 될 것임은 분명하다. 어쩌면 이것이 개념 및 개념 연구의 운명인지도 모른다.

오늘날의 세계는 카플란과 일루즈가 주장하듯 섹스도 하나의 자본이 되는 세계이다. 그렇다 보니 사람들은 자신의 성적 역량 개발에 돈과 시간을 투자하기도 한다. 그러한 모습을 보여주는 사례의 하나가 성적 자기계발서의 인기이다. 따라서 누군가는 이 책에서도 섹스 자본의 개발 전략을 기대할지 모른다. 그러나 이 책은 자기계발서와는 거리가 멀다. 이 책은 바로 그러한 성적 자기계발서들이 인기를 누리게 된 사회적 지형을 사회학적으로 치밀하게 분석하고 있을 뿐이다. 따라서 이 책의 제목을 보고 치료요법적 상상력을 발동한 사람들에게 이 책은 실망을 넘어 좌절을 가져다줄 것이다. 하지만 이 책의 제목에서 학술적 호기심을 자극받은 독자라면 섹스를 프리즘으로 하여 우리 시대를 읽어내는 두 학자의 탁월한 통찰에서 지적인 즐거움을 한껏 누릴 수 있을 것이다.

2022년 겨울

매서운 추위가 다시 찾아온 날에

박 형 신

지은이

다나 카플란(Dana Kaplan)은 이스라엘 개방 대학교 출신의 문화사회학자이다. 비물질적 노동의 새로운 형태로서 미학, 영성, 육체화, 섹슈얼리티에 초점을 맞추어 연구하고 있다. 오픈 대학교에서 사회학, 젠더 연구 및 음식 연구를 가르치고 있다. "Porn Tourism and Urban Renewal: The Case of Eilat", "Sexual liberation and the creative class in Israel", "Recreational Sex Not-at-Home: The Atmospheres of Sex Work in Tel Aviv" 등 다수의 논문을 발표했다.

에바 일루즈(Eva Illouz)는 파리 사회과학고등연구원 교수이자 예루살렘 히브리 대학교 사회학과 교수이다. 자본주의의 사회학, 감정사회학, 젠더사회학, 문화사회학에 초점을 맞추어 연구하고 있다. 주요 저서로는 *Consuming the Romantic Utopia: Love and the Cultural Contradictions of Capitalism, Cold Intimacies: The Making of Emotional Capitalism*, Saving *the Modern Soul*, *Why Love Hurts*, *The End of Love: A Sociology of Negative Relations* 등이 있다.

옮긴이

박형신은 고려대학교 대학원 사회학과에서 석사와 박사학위를 취득했다. 현재는 연세대학교 사회발전연구소 연구교수로 일하고 있다. 사회이론, 감정사회학, 음식과 먹기의 사회학에 관심을 가지고 연구를 진행하고 있다. 주요 저서로 『정치위기의 사회학』, 『감정은 사회를 어떻게 움직이는가』(공저), 『에바 일루즈』 등이 있고, 번역서로는 『낭만적 유토피아 소비하기』(공역), 『자본주의의 문화적 모순』, 『탈감정사회』, 『감정과 사회관계』, 『감정사회학으로의 초대』 등이 있다.

한울아카데미 2417

섹스 자본이란 무엇인가

지은이 다나 카플란·에바 일루즈
옮긴이 박형신
펴낸이 김종수
펴낸곳 한울엠플러스(주)
편집 신순남

초판 1쇄 인쇄 2022년 12월 20일
초판 1쇄 발행 2022년 12월 30일

주소 10881 경기도 파주시 광인사길 153 한울시소빌딩 3층
전화 031-955-0655
팩스 031-955-0656
홈페이지 www.hanulmplus.kr
등록번호 제406-2015-000143호

Printed in Korea.
ISBN 978-89-460-7418-7 93300

※ 책값은 겉표지에 표시되어 있습니다.